Yves Méjean

Chronique

d'une improbable

reconversion professionnelle

couverture réalisée par: Blue Touch Studio

ISBN 978-2-9560805-1-0

A Laurence, Mathilde, Eva

“Le chaos est rempli d'espoir

car il annonce une renaissance”

Coline Serreau

“Le chaos est rempli d'espoir

car il annonce une renaissance”

Coline Serreau

SEPT MOIS

Lundi 2 juillet 2007

- Sept mois ! Tu te rends compte … ! Sept mois sans tes élèves ! Tu vas vraiment décrocher... Je suis sûre

que tu viendras nous narguer au portail le jour de la rentrée ...

- Peut-être pas le jour même de la rentrée, mais venir vous faire un petit coucou en début d'année scolaire, sûrement, histoire de ne pas oublier le chemin de l'école.

- Passe de préférence vers midi, comme ça, tu manges un morceau avec nous.

- D'accord... à condition que Pascale nous fasse une de ses petites spécialités... !

- Mais c'est sans problème … si je suis prévenue à temps, c'est très volontiers !

- Et bien, tu vas en avoir du temps devant toi !

- C'est sûr, mais ça risque de passer très vite car je serai bien occupé par le suivi de la construction.

Faire construire notre maison, c'est un projet que nous avons depuis plusieurs années avec Laurence, et il est enfin sur le point de se concrétiser. Etape importante dans une vie de famille, nous nous y impliquons pleinement afin que le projet aboutisse dans les meilleures conditions. Mathilde et Eva, nos deux filles, sont également enchantées de cette perspective qui leur permettra d'avoir enfin une chambre chacune. Pour terminer le nettoyage du terrain que nous avons acheté et pour suivre au plus près la construction de notre maison, j'ai sollicité un mi-temps annualisé auprès de l'administration de l'Education Nationale qui a accepté ma requête. Concrètement, cela signifie que je ne reprendrai la classe qu'à la fin du mois de janvier 2008 au lieu de recommencer en septembre 2007 comme le fait n'importe quel enseignant à plein temps. La première partie de l'année scolaire étant assurée par ma collègue Josie, les CM2 de l'école Jean-Marie Hyvert auront donc en début d'année une maîtresse, puis à partir du mois de février, un maître pour préparer leur grand saut vers le collège. C'est sur mon congé prolongé que les collègues me chambrent en cette avant-veille de vacances d'été.

Ces très grandes vacances, je ne les envisage en aucun cas comme une nécessité de faire un break pour souffler quelque temps. Nul besoin de fuir un environnement professionnel qui me convient parfaitement. L'école Jean-Marie Hyvert, c'est la mienne depuis cinq ans et je m'y sens bien. Y enseigner est un réel plaisir quotidien, d'autant plus que mon travail de Maître-Formateur consiste, comme les autres collègues de l'école, à faire la classe à des enfants de primaire, mais aussi à former les futurs professeurs des écoles. Cette complémentarité est intéressante et très motivante. Autre point positif, l'ambiance de l'école est particulièrement chaleureuse et nous nous entendons très bien. La meilleure preuve est que tous les midis, plutôt que d'ingurgiter en hâte les préparations insipides de la cantine ou bien d'engloutir un sandwich en corrigeant les cahiers, chacun fait à manger à tour de rôle pour tous les collègues et nous partageons tous nos repas dans un coin de la salle des maîtres aménagé à cet effet. Seul bémol de cette école vitrine, l'obligation d'être un modèle de pédagogie, de faire « l'appartement-témoin » pour les stagiaires est parfois pesante. Cependant, comme mes collègues, je ne compte ni mes efforts ni mon temps de travail pour mener à bien ma tache. Tout ce que je fais, je le fais avec plaisir et motivation. Ce n'est donc ni pour prendre mes distances par rapport à mon métier ni pour m'éloigner de l'école que j'ai choisi de prolonger mes vacances de plusieurs mois. Je n'en ressens pas le besoin.

Mercredi 4 juillet 2007

Dernier jour de l'année scolaire, nous nous retrouvons tous le soir chez Josie autour d'une bonne table. A la fin du repas, elle me confie :

- Tu sais, j'ai revu une amie qui a fait comme nous. Elle a pris un mi-temps annualisé il y a trois ans. Elle a trouvé que ça passait très vite. Bon après, lorsqu'elle a repris en janvier, inutile de te dire que ça a été la quatrième dimension … Mais en tout cas, elle a pu faire plein de choses pendant son congé !

- C'est le but … Enfin pour ma part, le suivi du chantier va me prendre du temps.

- Sûrement, mais d'un autre côté, ça risque pas de les gonfler un peu les ouvriers, d'avoir le client derrière tous les jours ?

- À mon avis, il y a une façon d'être et de faire, je ne serai pas derrière eux pour espionner. Je veux juste être sur place pour voir comment sera faite ma maison, question de curiosité aussi …

- Bon et bien, bonnes méga-vacances monsieur l'inspecteur des travaux finis... Tu nous appelles quand même de temps en temps ?

- Promis, allez, une bise...

- Même deux ...! Allez, profite bien !

- Merci, … à un de ces jours !

AVIS DE TEMPÊTE

Lundi 9 juillet 2007

Rien ne différencie ce début de vacances d'été des précédents. Même si le besoin de recharger les batteries après une année scolaire se fait sentir, mes journées sont toujours bien occupées. Bien que pleinement conscient de ces vacances prolongées qui s'annoncent, je n'en retire bizarrement aucun plaisir supplémentaire. C'est les vacances d'été et tant mieux si les tâches à effectuer s'annoncent nombreuses. Depuis toujours, j'ai besoin de m'activer, de bricoler, de m'occuper lorsque j'ai du temps libre, il en va de ma tranquilité d'esprit. Le repos, je ne l'apprécie vraiment qu'après une journée bien remplie, que ce soit avec l'habit d'enseignant ou encore celui de l'oléiculteur amateur mais passionné que je suis, que ce soit avec les enseignants stagiaires ou bien seul plongé dans la quiétude de mon atelier.

Les sept mois de liberté que j'ai devant moi vont me permettre tout d'abord de terminer le nettoyage du terrain où sera implantée notre maison, ce qui n'est pas une mince affaire. Bien que le plus gros soit fait, il faut encore couper et débiter pas mal d'arbres secs, débroussailler et surtout, évacuer les dernières cochonneries laissées par l'ancien propriétaire. Visiblement, cet homme était atteint du syndrôme de Diogène vu l'accumulation sans limite d'objets de toutes sortes, pour la plupart hors d'usage, qu'il avait conservés ou patiemment récupérés à la décharge municipale – on ne parlait pas encore de déchetterie à l'époque à laquelle il avait dû commencer... – avant de les entasser dans un désordre indescriptible dont lui seul devait avoir le secret. Associé à une végétation parasite enchevêtrée de toutes parts, ce capharnüm rendait le terrain tout simplement impénétrable lorsque nous l'avions acheté. Il avait déjà fallu bon nombre de journées de nettoyage et des voyages à la déchetterie avec l'aide de mon père pour évacuer une partie de ce bric-à-brac et commencer à y voir plus clair.

À en croire les deux derniers cabanons en bois restant à démolir, l'ancien propriétaire était aussi un virtuose de la récupération, le maître du recyclage tous azimuts, le roi du détournement qui trouvait à chaque chose, surtout si elle était détériorée ou inutilisable, une place et une fonction inattendues. La combinaison ingénieuse de tous ces éléments donnait à ces cabanes un style singulièrement hétéroclite. Le commun des mortels, probablement insensible à la dimension artistique de ces constructions inédites, ne pouvait à l'évidence pas en apprécier la quintessence, préférant qualifier ce haut-lieu de créativité d'amoncellement de cochonneries. Entre autres, à l'extérieur, deux hayons arrière de Renault 4 jumelés fixés à du tube d'échafaudage faisaient office d'auvent tandis qu'à l'intérieur, frigos cassés et gazinières hors d'usage trouvaient une deuxième vie en tant que placards et que de vieux draps sales et déchirés servaient de rideaux. Pour personnaliser encore davantage l'ensemble, des inscriptions mystérieuses ainsi que divers animaux fantastiques avaient été peints à même les planches des cabanons dans un style enfantin. Le démontage de ces monuments d'architecture, jusqu'alors dissimulés par la végétation, attisait la curiosité et faisait la joie des promeneurs qui venaient en nombre voir, non sans ironie, l'avancement de la démolition et me demandaient systématiquement si je n'avais pas de regret de me débarrasser de telles oeuvres.

Pourtant, au fil des semaines, malgré l'avancement de ce gros nettoyage par le vide, le rythme de travail a tendance à ralentir, l'énergie et l'ardeur à la tâche déclinent sans raison apparente. Alors qu'au début des vacances, la perspective de faire place nette pour la construction constituait l'objectif essentiel de chacune de mes journées, la motivation n'est désormais plus la même. Ainsi, malgré tout ce qui reste à accomplir, ma présence sur le terrain est de moins en moins fréquente et lorsque je m'y rends, je me rends bien compte que je suis de moins en moins efficace. Je me traîne, je me force, j'ai perdu l'envie. C'est seulement à la fin du mois d'août et uniquement par obligation de respecter des délais imposés par le démarrage des travaux que je termine tout de même le nettoyage, sans en retirer aucun plaisir ni aucune satisfaction. L'enthousiasme semble s'être envolé en quelques semaines, la volonté de m'impliquer à fond dans notre projet de maison s'est dissipée et a laissé place au fil des jours à une désagréable impression de lourdeur. Que se passe-t-il ? C'est pourtant bien ce que je voulais ! Juste au moment où ce projet fort que nous avons depuis tant d'années est sur le point de se concrétiser, c'est comme si je n'en avais plus vraiment envie, comme si je n'en percevais plus le bien-fondé au point changer de sujet lorsque Laurence m'en parle. Tout ceci est désormais trop lourd, trop prenant dans une période où quelque chose de fondamental semble manquer à ma vie, quelque chose que je n'arrive pas à identifier pour l'instant.

A la fin de l'été 2007, je prends conscience que pour la première fois depuis le début de ma carrière, la rentrée scolaire se fera sans moi et que mon congé prolongé va me paraître en réalité très long, trop long même. Un enseignant qui considère qu'il a trop de vacances, ça peut faire sourire a priori ! Mais non, je n'ai pas vraiment la tête à la plaisanterie car je sens s'installer durablement un mal-être qui se traduit par l'apparition de divers désagréments psychiques et physiques que je ne prends pas au sérieux pour autant. Les contacts téléphoniques réguliers avec les collègues, comme pour maintenir à tout prix un lien artificiel avec l'école, n'y changent rien. Sans comprendre ce qui m'arrive, je sens que je perds pied et que dans ma tête, je m'isole et je m'éloigne chaque jour davantage du monde qui m'entoure. Le sentiment de liberté du début de l'été a laissé place à un profond sentiment de solitude et d'abandon de la vie sociale, celle qui a du relief et dans laquelle il se passe toujours quelque chose. Au lieu de cela et malgré tout ce que je suis censé faire, les journées me paraissent interminables et je m'ennuie à mourir dans cette platitude absolue. Je ne reprendrai pas le travail en septembre, mais est-ce bien utile en définitive ? Finalement, ce n'est pas moi qui entreprends la construction, j'en suis bien incapable ! C'est pour cela que nous avons confié la totalité du chantier à une entreprise. Et puis, est-ce qu'un projet de maison compte tant que ça dans une vie ? N'est-ce pas là le symbole d'un repli sur soi à travers une petite vie un peu trop bien rangée ? Une forme de renoncement à la véritable liberté ? Avec une telle vision des choses, le temps libre dont je dispose ne semble désormais plus avoir aucun intérêt. Pire, cette parenthèse professionnelle a fait naître une terrible sensation de vide ainsi qu'un profond sentiment d'inutilité qui s'accentuent de jour en jour.

Juste au moment où le doute sur la pertinence de mon congé prolongé se manifeste, l'entrepreneur chargé de notre construction m'appelle pour m'annoncer que le démarrage des travaux sera retardé à la mi-octobre. Il n'en faut pas plus pour accentuer le sentiment de vacuité qui me taraude et un flot récurrent de pensées négatives s'installe insidieusement, occupant chaque jour un peu plus mon esprit. Habituellement vécu comme un projet fort dans une vie, la construction de notre maison devient uniquement source de tracas et de tensions avec Laurence alors que le chantier n'a même pas commencé. Je sens bien qu'une période difficile s'annonce, mais je ne comprends pas ce qui m'arrive. Le grand plongeon n'est plus très loin ...

INEXORABLE DEGRINGOLADE

Automne 2007

Les premiers signes du cataclysme se manifestent avec insistance, pourtant je suis bien loin d'en prendre toute la mesure. Sans énumérer le cortège des symptômes qui se bousculent, je ressens de plus en plus souvent des douleurs dans le ventre, une fatigue inexplicable et mon humeur est anormalement variable. Je cherche à ces désagréments des explications banales et j'essaie de me persuader que c'est sûrement passager, que ça va aller mieux … Pourtant subsiste toujours cette impression de vide chaque jour un peu plus pesante, même si certaines périodes de répit me permettent de retrouver le moral de temps à autre. C'est juste une baisse de régime, tout va rentrer dans l'ordre sous peu, il n'y a pas de raison...

Illusion perdue d'avance ! Le pire est devant moi mais je ne le sais pas encore. Cette « nuit de l'âme » étant fort bien décrite dans l'ouvrage de Philippe Labbro « *Tomber sept fois, se relever huit* », je ne livrerai pas les détails de la douloureuse épreuve qu'elle constitue - l'objet de ce récit est autre - et me contenterai d'en donner les moments-clés.

En cette fin d'automne, me voilà donc le jouet de mon instabilité émotionnelle, ce qui occulte complètement l'exaltation et la joie de voir notre maison sortir de terre. Pourtant, je me rends sur le chantier presque tous les jours, histoire de suivre tant bien que mal ce qui se fait, mais en réalité, je m'y oblige plus que je n'en ai envie. Je n'ai plus envie de rien d'ailleurs. Seuls les moments de discussion avec les ouvriers me soustraient quelque peu de mon mal-être. Je me dis que même si leur métier est difficile, cela doit être gratifiant de bâtir un édifice durable et de pouvoir mesurer au jour le jour le fruit de son travail. Leur travail est concret, créatif et paraît simple. J'envie leur ardeur. Mais je suis désormais bien loin de tout univers professionnel. Le vide et l'absence de volonté reviennent inlassablement à la charge dès que je me retrouve seul. Laurence ne comprend ni mon désintérêt, ni ce malaise grandissant juste au moment où notre projet prend forme. Mais que m'arrive-t-il donc ?

Jeudi 20 décembre 2007

C'est avec cette fragilité désormais bien installée qu'à la veille des vacances scolaires de Noël, je rends visite aux collègues de l'école. Je suis en apparence content de les revoir, en tout cas j'essaie de m'en persuader et je fais bonne figure. J'en profite pour faire le point avec Josy, la collègue dont je dois prendre le relais fin janvier. L'ambiance est la même que celle que j'ai laissée six mois auparavant : la queue à la photocopieuse, les rires dans la salle des maîtres, l'urgence de remplir les livrets scolaires en fin de trimestre, les objets décoratifs à faire terminer en hâte,... Pourtant, quelque chose a changé, je ne me sens pas à l'aise, je me suis coupé de tout ça … mais ça va revenir en reprenant le travail, tout va rentrer dans l'ordre, c'est sûr … !

Lundi 24 décembre 2007

Comme chaque année, nous partons à Lyon pour passer les fêtes en famille. Alors que nous sommes réunis chez Carmen, une des soeurs de Laurence, je ressens brusquement une douleur d'une violence inouïe dans la cage thoracique, ainsi qu'un emballement de tout mon corps. J'étouffe, je tremble, j'ai des vertiges, j'ai l'impression que ma dernière heure est arrivée mais que ça n'en finit pas ! Devant la soudaineté et l'intensité de cette crise, on m'emmène aux urgences en cette veille de noël pour des examens complets qui ne révèlent aucune anomalie. Je souffre d'un mal que je n'arrive pas à cerner et pour lequel les urgentistes n'ont pas d'explication, ce qui n'est pas de nature à me rassurer. J'aurais tellement préféré sortir des urgences en mettant un nom sur ce mal et prendre le remède adéquat. C'est même ce que j'espérai en y entrant. Mais non, rien d'identifiable selon l'interne des urgences et c'est bien ce qui m'inquiète étant donnée la violence de ce que j'ai ressenti. Je viens de faire ma première crise de panique sans toutefois prendre conscience de ce qui m'arrive et de ce que cela signifie.

La seule chose que je ressens et qui accentue d'autant mon angoisse, c'est que cet emballement imprévisible et inexplicable peut ressurgir à tout moment. Il est là, il est en moi, tel un félin tapi dans l'ombre guettant sa proie et attendant le moment propice pour attaquer.

Mardi 29 janvier 2008

Retour devant les élèves. La reprise se fait dans la douleur alors que je pensais que ce serait l'occasion de redémarrer la machine, de reprendre mon rythme professionnel et de retrouver mon utilité sociale. Bien au contraire, le mal-être va crescendo. Sans pouvoir expliquer mon égarrement, je perds pied et je panique à l'idée de faire la classe malgré plus de dix ans d'expérience ! Je m'en sens totalement incapable, inefficace et dépassé par le moindre élément. Poussé par l'angoisse et totalement désespéré, j'appelle Laurence plusieurs fois par jour sur son lieu de travail pour lui faire part de mon malaise. Patiemment, elle essaie de trouver les mots pour me rassurer, mais rien n'y fait. Je ne me reconnais plus. Je n'ai plus d'appétit, ne dors presque plus malgré l'abattement constant et j'ai perdu 8 kilos en un peu plus d'un mois seulement. Le premier trimestre de l'année 2008, je le passe à cacher tant bien que mal mon état de santé réel à mon entourage professionnel qui n'est pas dupe pour autant. Je suis bien le seul à ne pas comprendre ce qui m'arrive, à ne pas accepter l'état d'anéantissement dans lequel je suis tombé en quelques semaines et a priori sans raison particulière. Je m'enferme dans le déni en essayant de croire que je finirai bien par surmonter seul cet état qui ne durera pas éternellement. Je fais le tour de diverses médecines douces, histoire de me persuader que ce n'est pas si grave. Sur les conseils d'un thérapeute pourtant confirmé et en qui j'ai confiance vu sa notoriété, je vais même jusqu'à me faire arracher une dent supposée être la cause de tous mes ennuis… sans aucun résultat ! De toute façon, je ne suis pas malade puisque les examens médicaux ne décèlent rien d'inquiétant. Quelques séances d'acupuncture devraient suffire à améliorer la situation...

Jeudi 17 avril 2008

Pourtant, à bout de forces et sur les conseils répétés d'une collègue qui a connu également une période difficile dans sa vie, je décide enfin de consulter un psychiatre. Un psy ! Le mot est lâché et il claque dans ma tête comme un coup de fusil. Sa brutalité m'annonce sans détour que je suis en train de basculer dans la folie ! Broyer du noir à longueur de journée ne suffit plus, maintenant j'ai peur, ... très peur même, peur de perdre définitivement le contrôle de mon esprit, ou plutôt de ce qu'il en reste. J'ai peur des psychiatres et de leurs traitements qui vont, au mieux me plonger dans le brouillard et me réduire à l'état de légume, au pire me déstabiliser et me déstructurer davantage si cela est encore possible. Certains mots pèsent lourd et l'état d'extrême fragilité émotionnelle dans lequel je me trouve donne un écho inquiétant à tout cela. Au lieu d'entrevoir la nécessité de soigner les maux de mon âme, je me vois au seuil d'un autre monde dans lequel j'imagine des sorciers en blouses blanches, usant et abusant de pilules mystérieuses, sur le point de prendre le contrôle de toute ma personne, de mon autonomie, quitte à confisquer ma liberté en me faisant interner. Perspective totalement fabulatoire mais ô combien terrifiante ! Et pourtant, cela fait de longs mois que j'essaie de me persuader que ça va aller mieux, que tout va bien finir par rentrer dans l'ordre, mais rien n'y fait. Je n'ai plus le choix, je dois consulter. Contrairement à ce que j'espérais, la reprise du travail n'a en rien amélioré les choses et rien de ce que j'ai essayé auparavant ne m'a apaisé. Même si je suis totalement perdu, c'est pourtant la première fois depuis des mois que je prends une véritable initiative.

En désespoir de cause, je prends donc mon premier rendez-vous chez un psy, ou plutôt une psy. Je lui explique les raisons qui m'ont amené à pousser la porte de son cabinet, elle m'écoute, impassible. Peut-être discerne-t-elle déjà dans mon discours des éléments inquiétants révélateurs d'une pathologie lourde ? Malgré cette crainte, le courant passe et la parole permet d'évacuer, parfois en sanglots devant cette thérapeute que je connais depuis quelques minutes seulement, certaines pensées obsessionnelles devenues encombrantes. Mais dans l'état où je suis, je ne peux prendre aucun recul et encore moins comprendre pourquoi j'en suis arrivé là. Pas question non plus pour l'instant de prendre un quelconque traitement que je juge d'emblée trop lourd ! Le diagnostic est pourtant sans appel : c'est bel et bien une dépression et il faut compter plusieurs mois pour en sortir.

Dimanche 8 Juin 2008

La maison est finie et nous nous y installons. Trop enfermé dans le mal-être, je ne ressens aucune satisfaction liée à la concrétisation du projet et la nécessité d'aménager les extérieurs après le chantier, même a minima et en prenant mon temps, me semble insurmontable, tout comme l'organisation du déménagement. Par chance, le chantier est arrivé à son terme sans heurts et sans contretemps, mais je n'en ai pas conscience. Qu'en aurait-il été si, comme cela arrive parfois, les travaux s'étaient mal déroulés ou si une situation conflictuelle avec l'entreprise s'était enlisée ? Je ne me rends pas compte de tout ça, je suis ailleurs, là où personne ne peut me comprendre, là où personne ne peut m'aider, bien loin des préoccupations matérielles qui reposent désormais entièrement sur les épaules de Laurence. Pourtant, au cours des vacances d'été 2008, je ressens non pas un léger mieux, mais au moins une stabilisation relative de mon état, à moins que ce ne soit l'habitude d'être mal qui s'installe ...

Lundi 1er septembre 2008

C'est la rentrée des classes. La recrudescence de moments très douloureux et de crises de panique à l'idée de faire la classe m'amène enfin à accepter de prendre, après des mois de refus, un traitement adéquat. Cela permet certes une légère amélioration de mon état au bout de quelques semaines, mais tout ceci est très irrégulier et très fragile. Je sens bien que c'est le traitement qui me « tient » et je suis bien obligé de m'accommoder des effets secondaires.

Malgré le traitement et la bienveillance de mes collègues qui m'ont confié la responsabilité d'une classe calme et motivée, l'année scolaire se déroule en dents de scie. Le moral est trop souvent en berne et je commence à douter sérieusement du diagnostic de ma psychiatre qui m'avait donné, lors de la première consultation, quelques mois pour sortir de ce guêpier. Je poursuis néanmoins mes séances avec elle, mais la perspective de ne jamais guérir de ce mal sournois est de plus en plus présente. Je me dis alors que la solution se trouve peut-être dans le changement et qu'il faut que je prenne une décision radicale, comme je l'avais fait pour consulter. C'est pourquoi, malgré mon attachement à l'école et à la surprise générale des collègues, je demande ma mutation pour la rentrée de septembre 2009. Cette décision qui signifie l'abandon de mon statut de Maître-formateur, a aussi pour objectif de me délester d'un travail jugé désormais trop pesant, comme bon nombre de choses d'ailleurs le paraissent lorsqu'on ne va pas bien. C'est également le moyen de me rapprocher de mon domicile et de diminuer ainsi le temps de transport et la fatigue. Après une sélection minutieuse parmi les postes disponibles en septembre 2009, j'obtiens un poste situé à une moins d'une demi-heure de voiture de chez moi. À cet instant, je suis persuadé qu'en allégeant ma vie professionnelle et en réduisant mes trajets, je vais aller vers la guérison, même si je quitte un cadre professionnel que j'apprécie tant et des collègues de travail avec qui de solides liens amicaux se sont tissés.

Mardi 2 septembre 2009

Erreur fatale ! La rentrée scolaire dans la nouvelle école est encore plus catastrophique ! Les attaques de panique se multiplient et de façon encore plus violente qu'au cours de la rentrée précédente face à l'inconnue du contexte professionnel. Les collègues, l'organisation, les élèves, leurs parents, tout est nouveau et me semble finalement bien plus lourd que le travail de Maître formateur ne l'était. Je me rends compte très vite que j'ai fait le mauvais choix, que je me suis coupé, définitivement cette fois, d'un cadre de travail que j'appréciais tant et surtout de la charge affective qu'il représentait. Alors qu'à Nice, je surnageai tant bien que mal, ici, je me sens sombrer inexorablement. En quelques semaines seulement et malgré mes tentatives désespérées pour croire que ce n'est que passager, malgré ma volonté forcée d'améliorer mon état en faisant du footing comme je le peux après la classe, je sens de nouveau une forte dégradation de mon état de santé que l'augmentation de la posologie de mon traitement ne peut enrayer. Rien n'y fait, chaque journée qui passe devient de plus en plus difficile. Cette fois, mon corps me le fait savoir de façon encore plus violente. Impossible de continuer d'avancer dans cette tempête intérieure… Je suis à bout !

CLAP DE FIN

Mardi 13 octobre 2009

Une bouffée d'angoisse m'arrache à mon sommeil. Mon coeur s'emballe et ma cage thoracique semble se dilater jusqu'à s'ouvrir. Je regarde le réveil : 5 h 15. Encore une journée entière à lutter contre le mal, avec en prime, la difficulté d'annoncer aux collègues de l'école que je suis à bout et que je ne peux plus continuer à faire la classe. Ont-elles remarqué quelque chose ? Je ne sais pas. Voilà un mois et demi que je fais semblant, que tout est normal en apparence bien que je sens que chaque jour est un palier de plus dans cette descente vers le néant. Ma santé s'est terriblement dégradée, j'ai perdu l'appétit ainsi que plusieurs kilos sur un corps qui pourtant n'en a jamais eu de trop. Le plaisir et la joie de vivre ne sont même plus de lointains souvenirs et Laurence, que j'ai toujours sentie à mes côtés, ne comprend plus, semble renoncer à m'aider et prend ses distances pour se protéger de ce mal insidieux et destructeur.

Ainsi donc je m'apprête à remettre en question mon identité professionnelle, fruit de plusieurs années d'efforts et symbole de toute une culture familiale qui m'a guidé depuis l'enfance vers les métiers de l'enseignement. Avec des parents et grands-parents enseignants, devenir prof à mon tour était une évidence et répondait à une logique quasi-génétique. Mais aujourd'hui, ce schéma ne fonctionne plus, cette voie professionnelle toute tracée est devenue totalement impraticable. Certes, les élèves que j'ai cette année sont un peu plus turbulents que ceux que j'avais à Nice, mais les enfants ne sont pas responsables de ce mal. Sur les différents postes que j'ai occupés au cours de ma carrière, j'ai toujours géré ma classe en adaptant mes exigences. Mes rapports d'inspection ont toujours été élogieux et mon travail de Maître-formateur a maintes fois été apprécié par les stagiaires comme par les collègues. Non, cette fois-ci, c'est autre chose qui me dit que je ne peux plus continuer, que je dois m'arrêter, sans pour autant m'indiquer la moindre direction à prendre pour sortir du chaos. La perspective de devoir renoncer à mon travail et donc, à unc partie de moi-même, est toute aussi insupportable que celle de continuer à faire classe dans un tel état d'anéantissement. Je suis complètement perdu !

J'arrive à l'école vers 7 h 45. Je monte l'escalier tel un automate dont les mécanismes seraient rouillés. Je frappe à la porte du bureau de la directrice, je l'entrouvre .

- Bonjour Blandine, je peux te parler ?

- Bonjour Yves, écoute je termine ce courrier pour l'inspection et je suis à toi dans une minute.

Elle s'affaire, classe et range énergiquement tous ses documents. Je m'assieds face à elle, déjà épuisé à 8 heures du matin et ressens alors une terrible appréhension à l'idée de lui révéler la triste vérité. Pourtant, je dois mettre un terme à une situation devenue intenable.

- C'est bon, je t'écoute, me dit-elle.

- Bon et bien voilà … je ne vais pas bien du tout. Je traîne une dépression depuis deux ans et je n'en sors pas malgré un suivi médical régulier. Depuis la rentrée, je gère la classe comme je peux, mais tout me semble compliqué et je sens que je plonge chaque jour un peu plus profond. Les gamins n'y sont pour rien, mais je n'en peux plus. Hier, si je ne suis pas venu manger avec vous à midi, c'est parce que je suis resté dans ma classe, à pleurer, sans savoir pourquoi. Je n'en peux plus !

Je devine une surprise contenue sur son visage et poursuis :

- Je vais demander à mon médecin si elle peut m'arrêter dès demain car faire la classe, c'est maintenant au-dessus de mes forces ! Je pensais pouvoir tenir jusqu'aux vacances de Toussaint, mais je vis l'enfer au quotidien ! Tu sais, ça fait mal, ça fait très mal depuis des mois et des mois !

Elle reste très calme à cette annonce, marque un long temps d'arrêt et me dit d'une voix qui se veut apaisante :

- J'ai eu un exemple autour de moi. Ma soeur est passée par là, je sais que c'est une rude épreuve. Elle, ça a été dodo pendant un an, une parenthèse pendant laquelle elle s'est reconstruite à petit pas, alors je comprends. Mais avec les collègues, on n'a rien remarqué pourtant ...?!

- Et bien je ruse comme je peux depuis la rentrée, ça allait légèrement mieux cet été et je pensais que de reprendre le boulot dans une autre école, déchargé du travail de Maître-formateur et plus près de chez moi, ça me relancerait … mais non, bien au contraire ! Pourtant vous n'y êtes pour rien non plus, vous m'avez très bien accueilli et l'ambiance de l'école est sympa. Mais je n'en sors pas, ...je ne comprends toujours pas ce qui se passe, … je suis à bout, à bout … !

- Tu as des choses à régler avec toi-même, et faire ce travail d'introspection, ça prend du temps, alors soigne-toi le temps qu'il faudra.

- J'ai besoin de repos! C'est l'affaire de quelques semaines, je vais voir mon médecin demain, elle jugera de la durée souhaitable de mon arrêt de travail.

Pauvre de moi ! Que d'illusions et de mensonges ! Mensonge envers Blandine autant qu'envers moi-même. Je sens bien que je me prépare à arrêter pour toujours l'enseignement même si j'ai du mal à me l'avouer ! Devenir prof, c'est ce que je voulais depuis l'enfance, je ne me voyais pas faire autre chose à l'âge adulte. Alors, aujourd'hui, vivre sans faire classe, je ne l'imagine même pas ! Et pourtant là, le mal me ronge sans relâche, ça vient du dedans, du plus profond, mais je ne comprends toujours pas pourquoi et encore moins comment enrayer ce supplice qui dure depuis deux ans ! L'urgence est d'éteindre le feu intérieur, d'interrompre cette interminable chute. Alors faire semblant de croire et faire croire que tout sera rentré dans l'ordre d'ici deux ou trois mois n'est que pure illusion.

- Si tu arrêtes ce soir, je préviens l'inspection que tu seras absent à partir de jeudi. On est mardi... Demain, il n'y a pas classe, ça permet de ne pas être pris au dépourvu et d'avoir peut-être un remplaçant jeudi.

- Désolé de te causer tout ce soucis, mais tenir encore une journée va être une épreuve alors aller au-delà, je n'en ai ni la force physique, ni la force morale.

- Ecoute, mon boulot, c'est de faire tourner l'école. Des collègues absents, ça arrive, alors ne t'inquiète pas, pense à toi !

- Merci, … vraiment ! Et pour les parents ?

- On ne leur dit rien aujourd'hui, ça t'évitera d'être exposé à un tas de questions ! Ils auront l'info jeudi matin, qu'il y ait un remplaçant ou pas. Tu penses que c'est bon pour aujourd'hui ? Tu tiens le coup ? On est là si besoin, on se serre les coudes !

Devant tant de compassion et de bienveillance de la part de quelqu'un que je ne connais que depuis quelques semaines, je sens ma gorge se serrer et mes yeux se remplir de larmes. Elle doit vraiment me sentir au fond pour faire fi de toutes les tracasseries administratives et les chamboulements induits par un enseignant en arrêt maladie prolongé. Elle va pourtant devoir l'annoncer aux parents, calmer leur inquiétude car leurs enfants sont là pour préparer la sixième. D'autre part, la présence d'un enseignant jeudi matin semble peu probable étant donné le peu de remplaçants disponibles, ce qui signifie une répartition des élèves de cm2 dans les autres classes et donc, davantage de travail pour les collègues. Mais elle me ménage car elle perçoit ma détresse. Tout ça me touche au plus profond. Au bord du sanglot, je lui réponds :

- Merci pour tout … je tiendrai jusqu'à ce soir parce que maintenant, je sais que c'est le dernier jour … je l'annoncerai aux collègues dans la matinée. Pour midi, ne m'attendez pas pour manger, … je vais rester dans la classe. Je rangerai mes affaires et laisserai à mon successeur les préparations nécessaires.

Je me lève, elle s'approche, m'enlace affectueusement et me dit :

- Va reprendre tes esprits dans ta classe, je fais monter tes élèves.

- Merci, merci encore !

D'une démarche encore plus laborieuse que celle que j'avais en entrant dans son bureau, je me dirige vers cette salle de classe qui n'est déjà plus tout à fait la mienne. J'entre et dépose machinalement mon sac à côté du bureau, puis je m'assieds, la tête entre les mains pour tenter de stabiliser mon état émotionnel, mais je n'y parviens pas. L'anxiété, l'épuisement et le découragement ne me quittent pas. La sonnerie retentit, j'entends les rangs se former, la voix des collègues de service qui rappelle à l'ordre les retardataires. Puis, viennent les pas dans les escaliers couverts par un brouhaha soutenu qui se rapproche de la porte et s'y arrête. C'est l'heure. Il va falloir tenir et jouer la comédie encore une journée, jusqu'à ce soir. J'ouvre la porte. Je fais entrer les élèves en classe pour la dernière fois.

La journée semble interminable. À la récréation du matin, j'annonce aux collègues ma situation. Là encore, je sens une réelle compassion et des marques d'affection qui ne parviennent pourtant nullement à me rassurer ou à m'apaiser. Au contraire, la perspective, pourtant la seule envisageable à court et à moyen terme, d'arrêter de travailler pour me soigner amplifie le terrible sentiment d'isolement et d'égarement qui ne me quitte plus depuis deux ans. L'après-midi, j'amène les élèves sur le stade pour la séance d'Education Physique et Sportive. J'y improvise un jeu de balle collectif à défaut de mieux et les enfants courent, jouent, crient à leur guise dans une joyeuse pagaille. Où est-il le maître formateur apprécié qui « tenait » sa classe en toute circonstance ? Qu'est-il devenu l'enseignant bien noté par sa hiérarchie grâce à son sérieux et sa rigueur ? Qu'importe, je n'ai plus la force de les recadrer ! Une averse salvatrice vient interrompre la séance avant qu'elle ne tourne à la débandade et nous sommes contraints de remonter en classe. Il est presque seize heures : plus qu'une demi-heure !

Au retour en classe, toutes les conditions sont réunies pour terminer la journée dans le chahut. C'est la fin de l'après-midi, l'orage gronde et le retour au calme après la séance de sport semble bien illusoire. Je joue la montre et propose aux élèves de terminer l'illustration de leur poésie ou de s'occuper calmement jusqu'à la sonnerie. Peu importe s'ils s'y mettent ou pas, peu importe s'il y a du bruit, ça me laissera le temps de ranger mes dernières affaires et de laisser tous les documents utiles à mon successeur. De toute façon, je suis en train de capituler, je n'ai plus d'autre solution désormais, en considérant qu'abandonner le navire puisse être considéré comme une solution.

Pourtant, contre toute attente, l'agitation générale laisse au fil des minutes la place à un climat d'apaisement inexplicable. Loin d'être excités par le tonnerre, les enfants exécutent leur travail en totale autonomie et dans le plus grand calme. Certains dessinent avec application, d'autres terminent le travail du matin dans un silence quasi-religieux. On a l'impression que le temps a suspendu son cours et que toute la classe est en apesanteur. Il y a quelque chose de magique, d'irréel dans cette dernière demi-heure improvisée pourtant empreinte d'une sérénité rare. Jamais je n'étais parvenu à obtenir un tel calme avec cette classe plutôt agitée et voilà que c'est quand je suis au plus mal, incapable de lever la voix et prêt à jeter l'éponge qu'ils font preuve d'exemplarité à l'unisson ! Quel est le sens de tout ça ? Ils sentent que je vais partir alors ils veulent me convaincre de rester et me faire changer d'avis, c'est ça ? Je ne les connais pourtant que depuis un mois, nous n'avons pas eu le temps d'établir des liens affectifs solides … De toute façon, je ne peux plus faire la classe. La signification de cette harmonie inattendue, je ne la comprends pas à cet instant. D'ailleurs je ne cherche plus à comprendre quoique ce soit, je veux simplement me réfugier chez moi à l'abri de toute sollicitude.

16 h 30, la sonnerie retentit, les élèves se mettent en rang et je rassemble toutes mes affaires. J'accompagne toute la classe jusqu'au portail.

- À jeudi maître !

- À jeudi.

C'est sur ce dernier mensonge que le maître d'école passe le portail de l'école pour la dernière fois.

ECOUTER

Mercredi 14 octobre 2009

À la première heure, je me rends chez mon médecin généraliste. La salle d'attente est déjà bondée. Après plus d'une heure d'attente, elle me reçoit enfin et je lui annonce que malgré les traitements et le suivi rigoureux des séances avec ma psychiatre, je suis à bout. Cette fois-ci, le point de non-retour est atteint, je n'ai plus la force de continuer à enseigner. Elle m'examine et constate d'elle-même que je suis vraiment très bas.

- Vous avez encore perdu du poids et la tension est bien basse !... Et le sommeil ?

- Je dors très mal et très peu … Chaque matin, je suis réveillé entre quatre et cinq heures par une montée d'angoisse, des palpitations et des fourmillements.

Cette fois-ci, le repos est impératif ! Je vous prescris un arrêt de travail d'un mois dans un premier temps, on verra pour la suite. Vous serez remplacé ?

- Ma directrice est prévenue, nous en avons parlé longuement hier. Elle a pris ses dispositions auprès de l'inspection pour avoir un remplaçant.

- Il faut que vous vous retapiez !Reposez-vous mais dès que vous sentez un sursaut d'énergie, même minime, bougez, essayez d'avoir une petite activité ou de rencontrer des gens !

Bouger, sortir, je n'en ai pourtant ni la force, ni l'envie. Je repars du cabinet médical avec mon arrêt sous le bras, bien conscient qu'un mois d'arrêt de travail est nécessaire, mais bien insuffisant pour ce que j'ai, tout comme le seraient plusieurs mois d'ailleurs. Je sens au fond de moi que cette interruption ne résoudra pas le problème car elle ne s'attaque pas à la racine du mal, racine que je ne parviens toujours pas à cerner. Cet arrêt de travail, c'est tout juste un moyen d'amortir la chute, de recommencer à respirer à peine et encore, seulement par intermittences. Et puis, le repos n'est-il pas pire que le mal puisque c'est en quelque sorte officialiser le renoncement à mon identité professionnelle et à ce métier que j'ai toujours considéré comme un des piliers de ma vie ? Sans compter qu'il va falloir l'annoncer à mes proches. Comment minimiser le malaise pour ne pas trop les inquiéter ? Comment les épargner ? Tout ceci, comme le reste, me paraît insurmontable ! Evidemment Laurence sait déjà que je suis sur le point d'arrêter mon boulot, nous en avons parlé suffisamment au cours des dernières semaines. Outre son inquiétude sur mon état de santé, elle aussi s'interroge sur l'avenir, d'autant plus que je n'ai aucun projet professionnel de substitution. Quand les choses sont trop bien établies, il n'y a aucune raison d'envisager un plan B. Mais la vie est en train de me faire comprendre dans la douleur que rien n'est jamais figé et que d'improbables changements doivent impérativement être envisagés. Laurence subit de plein fouet les conséquences désastreuses du bourbier dont je n'arrive pas à m'extraire et elle est la seule, dans mon entourage, qui est pleinement consciente de l'ampleur du mal. Il y a aussi les filles qui sentent bien que leur papa ne va pas très bien depuis de longs mois. Il y a enfin mon père et ma mère qui, me sachant en arrêt de travail, vont se faire du souci et me téléphoner chaque jour pour me demander comment je vais. D'autant que je risque de considérer ces appels protecteurs au mieux inutiles, au pire incommodants. J'ai besoin de rester seul, seul avec mon mal-être qui désormais ne me lâche plus, seul pour faire le point sur ma vie, pour essayer de comprendre ce qui cloche, ce qui doit changer, ce que j'ai raté. D'ailleurs, j'ai raté tellement de choses dans ma vie …

Bien que je sois libéré de toute contrainte professionnelle, les jours suivants sont très difficiles. Laurence travaille et les filles sont à l'école. Je suis seul à la maison, vidé de toute volonté, de toute énergie et je passe le plus clair de mon temps prostré dans le fauteuil du salon, replié sur moi-même tel un cloporte, en proie à tous les démons qui torturent sans relâche mon esprit et malmené par les multiples désagréments physiologiques qui les secondent dans ce travail de destruction. Le sentiment d'isolement atteint son paroxysme et les ruminations n'en finissent pas. Au mal-être que je traîne depuis des mois vient s'ajouter une autre angoisse. Si un jour je vais mieux, ce qui semble inenvisageable pour l'instant, que vais-je faire pour gagner ma vie ? Que faire d'autre ? Je dois me rendre à l'évidence, c'en est fini de l'enseignement pour moi ! C'est ce que mon corps essaie de me faire comprendre sans relâche depuis près de deux ans en multipliant les signaux d'alerte indiquant que je ne veux plus, au fond de moi, continuer dans cette voie. Mais je n'ai pas écouté ces signaux, je n'ai pas compris le sens de ces appels désespérés, je n'ai pas pris conscience de l'ampleur du malaise. Quitter l'enseignement ? Pour quel autre métier ? Pourtant, depuis l'enfance, c'était la voie professionnelle toute tracée, la continuité d'une implacable logique familiale, une évidence absolue.

Jeudi 15 Octobre 2009

Le réveil est encore plus pénible que les jours précédents. Je regarde l'heure : 4 h 45. En quelques instants, comme à chaque réveil maintenant, mais avec une intensité encore jamais atteinte, je panique, j'étouffe, la tête me tourne et tout mon corps est envahi de fourmillements. J'ai la sensation d'imploser. C'est trop douloureux cette fois-ci, je réveille Laurence.

- Lole... ça va pas … je suis super mal !

- Hmmm … Qu'est-ce qu'il y a ?

- Je suis mal … ça va pas du tout !

Elle se tourne vers moi, m'enlace et essaie de m'apaiser.

- Tu le sais qu'au réveil c'est difficile, dans la journée, ça va un peu mieux, non ?

- Oui, mais là … je ne peux plus … Qu'est-ce que je vais faire ? Mais qu'est-ce que je vais faire maintenant ?

Je me sens arrivé au bout de l'impasse dans laquelle j'erre depuis deux ans. Cette fois-ci, je touche le fond. Cela ne peut plus durer ! Quelque chose doit se passer !

À cet instant, je sens monter en moi une sensation indescriptible et instinctive venue du plus profond de mon être. Comme si une présence mystérieuse jusqu'alors inconnue se manifestait peu à peu bien que la douleur soit toujours aussi tenace. Ce que je ressens est à la fois puissant et discret, évident et insaisissable, très clair et à peine perceptible, familier et étranger. Comme si une petite voix intérieure cherchait à me dire:

« Ose ! ... C'est le moment !»

Oser, tenter autre chose ! Il le faut, c'est ma vie qui m'échappe sinon! De toute façon, je suis au plus mal et il faut en sortir coûte que coûte. Puis, cette exclamation qui fuse d'elle-même :

- Coco ! ... Il faut que j'appelle Coco Lole !

- Quoi ?

- Je dois l'appeler... ! Il faut que je l'appelle !

- Mais qu'est-ce que tu dis ?

- Oui … c'est ça ! Il faut que j'aille bosser avec lui pour me sortir de là !

- Aller avec lui ?... Pourquoi ?

- Pour l'aider … apprendre la maçonnerie ! Faire le manoeuvre … peu importe, je dois l'appeler pour me tirer de là !

Laurence reste sans réponse, se retourne et reprend la position qu'elle avait avant que je ne la réveille. Je délire, c'est sûr ! De toute façon, il n'y a rien à répondre à une telle idée.

OSER

Coco, c'est le patron de l'entreprise qui a construit notre maison. Nos rapports ont toujours été très bons pendant la construction. Pourtant, nous nous sommes toujours vouvoyés, probablement pour maintenir une distance que nous jugions nécessaire pour mener le chantier à son terme. Pour lui, je suis sûrement un intello, par conséquent assez éloigné de l'univers des chantiers au sein duquel le tutoiement est l'usage. De mon côté, je n'ose pas le tutoyer pour maintenir une distance artisan - client que je juge nécessaire au bon déroulement des travaux. Mais le personnage est plaisant et le courant passe depuis notre première rencontre. Je l'ai perçu dès le départ comme quelqu'un de simple et direct. Ses côtés « grande gueule » et « brut de décoffrage » en font un personnage haut en couleurs capable de passer sans transition de la plaisanterie à la colère après un ouvrier maladroit. Son caractère méditerranéen et son domaine d'activité sont aux antipodes de mon univers professionnel d'origine. C'est peut-être ce dont j'ai besoin pour me sortir d'un style de vie qui ne me convient plus ? En tout cas, aussi surprenant que cela puisse paraître et sans que je puisse l'expliquer, c'est bien cela qui m'attire.

Vendredi 16 octobre 2009

Je projette donc de lui téléphoner pour lui proposer mes services en tant que manoeuvre. C'est quelque chose que je devrais pouvoir faire même si je suis affaibli... Et puis, il a bien vu pendant le chantier, lorsque je terminais le nettoyage du terrain, que je ne suis pas un fainéant et que je n'ai pas peur de me salir les mains. Il sait aussi que je respecte mes engagements, j'ai toujours été un client réglo. De toute façon, il faut absolument que je quitte ce fauteuil de malheur. Sur mon arrêt de travail, le médecin m'a autorisé à sortir de chez moi. Peut-être pourrai-je apprendre les bases de la maçonnerie avec Coco ? Cela me semble être totalement farfelu, pourtant, il y a eu ce flash au réveil. Même si c'est une folie passagère, je n'ai pas d'autre alternative. Bien que conscient de ma fragilité tant psychique que physique, je dois essayer, au moins pour minimiser le temps passé à ruminer seul à la maison.

Un peu plus tard dans la journée après maintes hésitations, je prends mon téléphone.

- Allo, … Coco ?

- Oui.

- C'est Yves Mejean, ça va ?

- Ca va !

- J'aimerais qu'on se voit, … quand vous le pouvez.

- Plutôt un soir après le travail.

- Oui, c'est bon, c'est moi qui vient à St Martin … quel jour ?

- Alors … - il réfléchit - pas demain soir… Lundi soir vers 18 h, c'est bon ?

- Parfait, à quel endroit ?

- Le mieux, c'est devant la Boulangerie de la gare, on travaille dans le coin en ce moment.

- Entendu !

Craignant que mon appel ne concerne les travaux faits à notre maison, il me demande d'une voix que je sens hésitante :

- Pourquoi, il y a un problème ?

- Non, pas du tout, c'est d'ordre professionnel, dis-je, en hésitant à mon tour.

- D'accord, à lundi soir.

- Au revoir, à lundi.

Lundi 19 octobre 2009

Il est presque 18 heures lorsque j'arrive à l'endroit convenu. Je suis anxieux à l'idée d'un refus éventuel de sa part. À vrai dire, j'ai l'impression d'aller quémander une place, d'autant plus que je me juge incompétent et totalement étranger au secteur du bâtiment. Un prof qui veut se reconvertir dans la maçonnerie ? On n'a jamais vu ça ! Est-ce mon intuition qui me guide ou bien seulement le besoin de ne plus rester seul chez moi ? C'est une pure folie, un suicide professionnel, un aveu criant d'échec social, au mieux une fantaisie passagère, d'autant plus que je suis à mille lieux de la stabilité émotionnelle et de la lucidité qui va avec, sans parler de ma force physique qui m'a abandonnée depuis longtemps ...

La vue de la fourgonnette blanche de Coco interrompt ce flot de pensées dubitatives mais renforce encore mon inquiétude. Il sort de sa voiture et s'approche de moi en boitillant. Allez, c'est le moment !

- Bonjour, vous allez bien ?

- Bonjour, ça va, me répond-il.

J'avale ma salive avant de lâcher le morceau :

- Bon, voilà ... Je veux arrêter l'enseignement parce que j'en ai marre. Ca fait quelque temps que je sens qu'il faut que je passe à autre chose. Alors, si vous avez besoin d'un coup de main, j'aimerais venir vous aider de temps en temps pour apprendre les bases de la maçonnerie. Je sais que vous avez pas mal de projets pour aménager le terrain autour de votre maison, j'y participerai volontiers, j'ai envie de me former. Et puis, j'ai vraiment besoin de changer de voie et l'effort physique ne me fait pas peur. Je suis disponible dès maintenant. Prenez-moi à l'essai quelque temps et puis si je ne fais pas l'affaire, on arrête là !

C'est dit, sûrement maladroitement comme si j'avais voulu me débarrasser au plus vite d'un poids, mais au moins, c'est dit ! Il se tient face à moi, cambré, les bras croisés sur son ventre proéminent et couvert de poussière. Visiblement, il est très surpris, comme pris au dépourvu par ma demande. Je redoute sa réponse qui ne vient pas. Au lieu de ça, il me questionne ;

- Pourquoi, l'enseignement, ça vous convient plus ?

- C'est éprouvant nerveusement et puis, je m'ennuie dans mon travail maintenant, j'ai l'impression de tourner en rond.

Après un bref silence qui me paraît interminable, il répond :

- Il faut voir, … je dois en parler à Sébastien d'abord.

Sébastien, c'est son fils qui est proche de la trentaine. C'est lui qui a le plus travaillé au chantier de notre maison. Avec lui aussi, les rapports ont toujours été très bons , mais j'interprète la réponse de Coco comme une façon de botter en touche pour ne pas me dire non maintenant. Je tire alors ma dernière cartouche :

- Bien sûr , je vous propose mes services gracieusement. On peut trouver un arrangement ; si de temps en temps, j'ai besoin de matériaux pour bricoler chez moi, vous me les livrez avec votre camion en échange de mon aide.

- C'est à voir, je vais réfléchir et en parler à Sébastien. De toute façon, je vous tiens au courant. Je vous appelle.

- Ok, quand vous voulez !

- Entendu.

- Allez, au revoir.

- Au revoir.

Les jours qui suivent, je suis dans l'attente de l'appel de Coco. Je suis un peu plus actif qu'avant de le rencontrer, j'arrive même à bricoler un peu même si le moral est toujours largement en berne. Je pose un peu de dallage dans le jardin, je termine une clôture commencée avant le chaos et je monte comme je peux des cloisons dans le garage. Il ne m'a pas dit non après tout ! Mais en réalité, je me force, je fais ces travaux pour me persuader que j'ai le profil de l'ouvrier en bâtiment plus que parce que j'en ai vraiment envie ou parce que c'est nécessaire. J'essaie de me mettre dans la peau d'un apprenti-maçon... Je pousse comme je peux, je tente de me convaincre, mais le rythme est lent, le geste hésitant et maladroit. Cette maigre activité me permet surtout de passer moins de temps avachi dans le fauteuil, ce qui est déjà un progrès mais aussi un combat de chaque instant tellement la tentation est grande.

Sans aucune nouvelle de Coco, je décide alors de l'appeler une dizaine de jours après notre rencontre. Je tombe sur la messagerie. Pas de rappel de sa part les jours suivants. C'est sûr, ma proposition ne l'intéresse pas ! Il m'a mené en bateau avec son besoin d'en parler à Sébastien ! D'autant plus que ce dernier doit travailler chez les clients pour faire tourner l'entreprise, pas chez son père ! Et puis, ils doivent trouver ma démarche farfelue … Dois-je abandonner et admettre que ma demande n'est pas réaliste ?

Mardi 10 novembre 2009

Il est presque 20 heures, nous sommes à table lorsque mon portable sonne.

- Allo, bonsoir … c'est Coco.

- Bonsoir, ça va ?

- Bien, merci. Dites, ça vous intéresse toujours de venir m'aider chez moi ?

- Oui, bien sûr !

- J'aurais besoin d'un coup de main pour un mur en pierre dans mon entrée. Le copain qui devait m'aider s'est fait une entorse, alors si vous voulez venir ...

- Oui, pas de problème, … je commence quand ?

- Demain, c'est le 11 novembre, je serai pas chez moi...Venez jeudi matin, vous vous rappelez par où passer ?

- Oui, c'est bon, à quelle heure ?

- On démarre à 8 heures.

- C'est bon, à jeudi alors, bonne soirée.

- Allez bonsoir, à jeudi.

Le jeudi 12 novembre 2009, premier jour prévu avec Coco, c'est précisément le jour de mes 41 ans...

RENAÎTRE

Jeudi 12 novembre 2009

Un mois après avoir fait la classe pour la dernière fois, je m'apprête à découvrir un autre univers professionnel. Le réveil et les instants qui suivent sont toujours aussi difficiles et l'épuisement dès le début de la journée invariablement au rendez-vous. Pourtant ce matin-là, il y a quelque chose de nouveau, quelque chose qui me rattache à la réalité du monde extérieur que j'avais oublié depuis mon arrêt de travail : un but, un nouvel objectif, un autre horizon professionnel qui structurent une journée par le rythme et les contraintes qu'ils impliquent. Même si l'effort à fournir semble démesuré et la direction prise bien incertaine, je vais laisser ce maudit fauteuil qui est devenu le fil rouge de mes journées . Et puis, découvrir un nouveau domaine d'activité, c'est aussi une façon de tourner une page, d'être quelqu'un d'autre, a fortiori lorsque cela coïncide avec le jour de votre anniversaire ! Comment ne pas y voir un signe du destin ? Mais vais-je en être capable ? Vais-je en avoir la force ? Bien qu'il ne s'agisse, pour l'instant, que de faire le manoeuvre, j'ai terriblement peur de décevoir ...

J'arrive chez Coco un peu avant 8 heures, comme convenu. Il est déjà en train de préparer le chantier pour la journée avec Sébastien. Lorsqu'ils m'aperçoivent, je lis sur leur visage un amusement qui me fait douter encore davantage de mon utilité à leurs côtés. Je me sens comme un imposteur car pour la première fois de ma vie et en dehors des jobs d'étudiant que j'ai exercés, je me présente pour un travail sans aucune qualification avérée ni diplôme ! Inconcevable dans la culture familiale au sein de laquelle je me suis construit jusqu'ici ! Et puis, je me doute de ce qu'ils pensent : ça va durer deux ou trois jours tout au plus, histoire de me faire mal au dos et d'avoir des cloques aux mains, puis je resterai chez moi pour récupérer... C'est bien connu, un enseignant, ça ne travaille pas vraiment ! Je m'approche d'eux, Sébastien lance avec malice :

- Tiens, un nouveau maçon !

Cette simple phrase me déstabilise encore un peu plus et vient renforcer mes doutes. Mais tant pis, je suis là maintenant, je ne peux plus faire machine arrière, à moins de passer vraiment pour un fantaisiste. Je m'approche et leur dis :

- Ca va ?

- Ca va, me répond Coco.

Pour faciliter le rapprochement, je propose :

- On va peut-être se tutoyer, ce sera plus simple, non ?

- Ouais forcément.

Coco me montre le chantier du mur en cours. C'est un mur de soutènement en pierre dont la hauteur, une fois fini, avoisinera les 4 mètres. Il me dit d'un air enthousiaste :

- Alors voilà le travail. On a commencé il y a deux semaines … ça fera un beau mur d'une quarantaine de mètres carrés. Avant, il y avait un talus très raide avec des cyprès. Ce sera mieux, non ?

Comment ça, ce sera mieux ? C'est lui, l'artisan-maçon à trois ou quatre ans de la retraite, qui me demande mon avis sur son projet ? C'est moi l'apprenti qui viens prendre des conseils en maçonnerie, je n'y connais rien ! Il semble comme suspendu à ma réaction. Pour couper court, je bredouille :

- Oui, forcément, ce sera mieux …

Arrive ensuite l'ouvrier tunisien qui avait participé au chantier de notre maison. Il s'appelle Abdallah. Il avance vers nous d'un pas saccadé et nonchalant à la fois. Les rares fois où je l'avais vu, je n'avais pas prêté attention à son physique. Il est de taille moyenne et d'une corpulence plutôt sèche. Son visage buriné, fortement ridé, ses mains crevassées et desséchées trahissent la pénibilité du métier. On sent les nombreuses heures passées à l'extérieur à endurer les morsures du froid et la fournaise estivale. Il y a quelque chose de minéral en lui. Quel âge peut-il bien avoir ? Faut-il détenir en soi une telle rudesse pour être maçon ou bien est-ce le métier qui façonne l'homme ? Je n'en sais rien, mais en le voyant, je ne peux que m'interroger encore un peu plus sur la légitimité de ma présence sur le chantier, je m'y considère comme un pied-tendre. Il est 8 h 10, Coco lui lance :

- Et alors, t'as toujours pas retrouvé ta montre ?

En ôtant la cigarette qui était clouée à son bec, Il répond :

- J'ai dû passer à la boulangerie pour me prendre un sandwich. C'était à bloc, il y avait un monde … !

- … Ah voilà, ce matin, c'est la faute de la boulangère, répond Coco en me cherchant du regard.

Puis, en s'éloignant à peine, il me prend le bras et me glisse à l'oreille :

- Tu vois, si tu les tiens pas, t'en fais rien. Il faut toujours les contrôler, toujours ! Sinon, ils t'en font une... Tu verras les vedettes qu'on a dans le bâtiment..!

Surpris par cette complicité inattendue mais gêné, je réponds machinalement :

- Et oui, qu'est-ce que tu veux...

Coco nous explique l'organisation de la journée :

- Ce matin Sébastien, nous on va terminer la salle de bains chez Marielle. Yves, tu restes avec Abdallah à travailler au mur, tu lui prépares le béton et tu l'aides. Je travaillerai au mur avec vous cet après-midi. Allez à tout à l'heure !

Faire le béton, je sais à peu près, mais « l'aider », c'est vague ! Là encore j'ai du mal cerner mon rôle.

Nous voilà donc seuls avec Abdallah pour continuer un ouvrage qui est déjà imposant bien que la partie la plus haute reste à bâtir. Après quelques explications sommaires sur les manipulations qui me sont confiées, je m'exécute et la journée de travail débute. La fatigue, tant physique que morale, ainsi que le mal aux jambes ne me quittent toujours pas, mais j'ai l'esprit occupé et c'est bien là l'essentiel. Cependant, bien que l'on soit en novembre, je transpire abondamment et j'ai terriblement chaud, d'autant plus que manquant d'habitude, bon nombre de mes gestes et efforts pourraient être évités ou minimisés. Ceci, je l'apprendrai petit à petit avec l'expérience et en observant les autres : un maçon expérimenté ne fait jamais un pas pour rien sur un chantier, pourtant son travail avance vite et bien.

Les premiers rayons de soleil arrivent jusqu'à nous. Abdallah fait une pause, allume une cigarette et m'interroge :

- Alors, t'es plus prof ?

- Non, j'en ai marre! dis-je tout en continuant de racler le fond de la bétonnière.

- C'est à cause des gamins ?

- Un petit peu, mais il n'y a pas que ça, l'enseignement, ça fait plus de dix ans que j'y suis, alors, je veux faire autre chose! dis-je sans m'étaler sur les raisons qui m'ont amené à venir sur le chantier.

- Ah, c'est sûr que la maçonnerie, … c'est pas pareil ! réplique-t-il en laissant échapper un éclat de rire. Mais, alors t'as tout quitté comme ça ? Du jour au lendemain ? Pourtant t'as les vacances, l'hiver tu bosses au chaud et la paye tombe à tous les coups !

- En fait, ça fait pas mal de temps que je m'y prépare. Et puis il y a eu cette occasion de venir aider Coco. Et Ali, l'autre ouvrier qui a travaillé chez moi, qu'est-ce qu'il devient ? Dis-je pour changer de sujet.

- Ali ...!? Ne m'en parle pas ! dit-il sur un ton dépité. Lui, il fait attention à rien ! Il regarde l'heure tout le temps et me saoule de paroles toute la journée. Si je lui demande de me préparer les pierres, il met une heure à les trier ! Le béton, il le fait un coup trop dur, un coup trop liquide. Qu'il reste en Tunisie Ali ! Il est bien là-bas et moi, ça me fait des vacances !

Au moins maintenant, je sais déjà mieux à quoi m'en tenir...

Un peu plus tard, la femme de Coco vient nous voir.

- Bonjour, ça va Monsieur Méjean ?

- Bonjour, bien et vous ?

C'est sans aucun doute une marque de respect de sa part, mais le simple fait qu'elle me vouvoie et qu'elle m'appelle « Monsieur » me replace dans mon rôle de prof, ce que je cherche pourtant à oublier... ! Elle s'appelle Béatrice et a été l'élève de mon père lorsqu'il a obtenu son premier poste en collège, ce qui explique sûrement le fait qu'elle m'apelle « Monsieur Mejean »... Malgré son petit gabarit, on sent en elle une grande énergie et une vitalité débordante. C'est sûr, cette femme sait ce qu'elle veut ! De façon totalement inattendue, elle me propose :

- À midi, vous mangez avec nous ? J'ai fait du rosbeef et des frites.

Surpris, j'hésite un bref instant puis réponds ;

- J'avais prévu de quoi, mais c'est volontiers. Merci !

- Bon alors vers midi, quand Coco rentre.

- D'accord, à tout à l'heure.

Je suis content de cette invitation spontanée, mais gêné de laisser Abdallah seul en tête-à-tête avec son sandwich pour la pause de midi. M'inviter à manger est très gentil, mais c'est aussi la preuve que je ne suis pas logé à la même enseigne. Quelle est ma place ? Suis-je donc là pour apprendre avec Coco ? Ou bien comme ancien client ? Ou encore le fils de son ancien prof ? Sûrement un peu les trois, mais c'est bel et bien le rôle d'apprenti que je viens chercher, pour avancer et donner un nouvel élan à ma vie. J'en conclus que pour que l'expérience soit bénéfique à chacun, je dois faire de mon mieux pour ne décevoir personne.

Il est un peu plus de midi lorsque la camionnette blanche de Coco franchit le portail. Il sort de sa voiture, vient vers nous avec un léger sourire aux lèvres et demande simplement :

- Alors ?

-Alors, … c'est la galère pour faire des faces avec ces pierres ! répond Abdallah

- La prochaine fois, tu prendras pas toutes les belles au début, t'en garderas pour la fin aussi …

Il se tourne vers moi et me dit :

- On va manger ?

- On y va !

À table, la discussion tourne autour des chantiers que Coco a en cours, du coût des matériaux, des problèmes techniques rencontrés ou encore des caprices et des délais de paiement trop élevés de certains clients. J'écoute attentivement et je découvre un environnement professionnel totalement nouveau et bien que cela ne fasse qu'une demi-journée que j'y suis, je m'y sens à mon aise. J'ai également l'impression que je laisse de cette façon derrière moi mon mal-être et mon identité professorale devenue trop pesante. C'est alors que Béatrice me demande :

- Alors, c'est fini de faire l'instituteur ?

- Oui, c'est fini... J'avais ça en tête depuis quelque temps.

Bien conscient qu'elle attend davantage de précisions sur ma présence aux côtés de Coco, j'ajoute :

- J'ai envie d'un métier manuel, concret et créatif. Alors, je viens apprendre les bases et puis … j'espère travailler à mon compte dans quelque temps. Chez moi, il y a deux maçons qui vont partir en retraite d'ici deux ou trois ans, alors, c'est le moment. Les gens ont toujours des petits travaux à faire dans leur maison.

- Si ça vous plaît la maçonnerie, vous avez raison, dit-elle simplement.

À travers la banalité de sa réponse et son air faussement impassible, je devine le doute qu'elle a sur la pertinence et la pérennité de mon projet. Je ressens de nouveau ce sentiment d'imposture et d'improvisation dans un métier qui est aux antipodes de mon schéma familial, où j'ai tout à apprendre et qui correspond à une toute autre approche de la vie. Ce sont toujours les mêmes questions qui reviennent. Mon choix est-il raisonnable ? Vais-je en être capable ? En ai-je seulement les capacités physiques ?

- Tu travailleras ! Dit alors Coco avec aplomb et sans lever les yeux de son assiette.

Cette phrase, anodine en apparence, résonne avec une force inouïe dans mon esprit car elle exprime à elle seule la confiance qu'il a dans mon projet et qu'il sent la motivation qui m'anime malgré le grand écart professionnel que représente la reconversion que j'envisage. Sent-il que ma présence à ses côtés n'a pas pour unique objectif de passer le temps et va au-delà du besoin de sortir de chez moi ? À cet instant, il ne mesure probablement pas le formidable encouragement que sa petite phrase représente en cette période particulièrement difficile de mon existence où je cherche désespérément de nouveaux repères. Cela signifie qu'il croit en moi ! Cette phrase, je ne l'oublierai jamais!

REMONTER

Vendredi 13 novembre 2009

La maison de Coco est située sur le flanc d'une colline qui domine le collège. Je n'y avais pas vraiment prêté attention lors de ma première journée, totalement focalisé sur ma nouvelle tâche. Pourtant, difficile de ne pas remarquer sa proximité à cause des bruits caractéristiques d'un établissement scolaire. Tout y est : le brouhaha de la cour, les rebonds des ballons, la sonnerie qui marque la fin de la récréation, quelques cris perçants qui fusent ça et là, ou encore le rappel à l'ordre des surveillants envers certains élèves qui tardent à se ranger. L'ambiance sonore m'est familière, elle est identique à celle que j'ai été contraint d'abandonner il y a seulement un mois et qui a pourtant été mon quotidien pendant près de quinze années... Il n'en faut pas davantage pour réveiller les doutes qui hantent mon esprit. Dois-je vraiment abandonner cet univers scolaire qui coule de source en moi depuis l'enfance ? Comment lâcher le métier d'enseignant sans prendre le risque de décevoir mes proches ? En ai-je le droit au vu de mes cinq années de fac et de mon choix professionnel initial ? Comment ne pas voir à travers le métier de maçon le symbole de déclassement social qui lui est souvent attribué ? Le choix de travailler dans le bâtiment n'est-il pas une folie momentanée guidée uniquement par le besoin de ne pas rester inactif chez moi ?

Enfermé dans ce questionnement obsessionnel, je suis comme tiraillé entre deux visions du monde. Celle avec laquelle j'ai grandi et vécu pendant plus de quarante ans et celle à travers laquelle j'envisage d'inventer ma vie pour les prochaines années. Deux univers que tout oppose. D'un côté, bien que le métier de prof ne soit pas toujours facile, la sécurité de l'emploi, la régularité des revenus, les sacro-saints « avantages », le savoir académique, le temps libre et le confort des salles de classe chauffées ; de l'autre, l'inconnu, l'incertitude de l'avenir professionnel, le savoir technique, le travail salissant, les intempéries, la rigueur hivernale et la canicule. La voix de la raison et notre idéal de vie à l'occidentale plaident en apparence pour la première option, tout comme le silence assourdissant de mon entourage qui cache mal ses doutes devant un tel virage professionnel ! Cependant, la nécessité d'essayer autre chose se fait de plus en plus entendre, il y a quelque chose de profond et d'impalpable qui m'attire vers ce nouvel univers professionnel rude et incertain auquel je ne suis pas préparé. Au-delà d'une reconversion professionnelle, ce sont deux conceptions de la vie totalement opposées qui s'entrechoquent et brouillent mon esprit. Je me cherche, je suis au beau milieu du gué. L'hypothèse d'un retour en arrière est inconcevable mais la rive à atteindre semble encore bien lointaine, totalement inconnue et visiblement escarpée. Pourtant, je dois avancer coûte que coûte. J'aimerais tant y voir plus clair, que tout aille plus vite pour enfin tourner la page ! Je comprends alors que plus qu'une rupture, le changement sera davantage une transition, un cheminement qui nécessitera du temps, beaucoup de temps, d'énergie et de patience …

Entre novembre 2009 et juin 2010, je me rends sur le chantier deux à trois jours par semaine. J'en profite pour poser un tas de questions techniques à Coco sur les enduits, le carrelage, les toitures ... Il y répond d'autant plus volontiers qu'il aime bien évoquer, non sans fierté, les travaux réalisés pour ses clients. Il aime son travail et cela se voit. Je complète ces informations orales par la consultation de divers documents techniques. Et lorsqu'Abdallah fait autre chose que de travailler au mur, j'essaie de l'observer, j'insiste pour l'aider afin d'apprendre, afin de me forger une culture professionnelle. Je grappille tout ce que je peux pour progresser, j'en ai à la fois envie et besoin.

Bien que cette motivation soit bien là, ma santé est toujours précaire. Chaque matin, je déploie des efforts surhumains pour m'extirper du lit. Au réveil, la perspective d'une journée entière à exercer un travail physique et éprouvant me semble hors d'atteinte. Pourtant je tiens bon, je résiste à la tentation de rester cloîtré chez moi. Je dois y aller, parce que je n'ai pas le choix, parce que c'est une évidence, parce que je le sens. Même fatigué, je suis à l'heure tous les matins, y compris quand l'envie et le moral me manquent cruellement et que chaque sac de ciment manipulé semble peser une tonne. Se rendent-ils compte de mon état ? Sont-ils conscients de ma fragilité ? Je n'en sais rien, je fais de mon mieux pour cacher le mal qui me ronge et le difficile combat intérieur que je livre au quotidien. Bien sûr cette lutte contre ma part d'ombre monopolise une bonne partie de mon énergie, mais je suis en train d'apprendre ce que signifie le mot « persévérer »...

Au fur et à mesure que les semaines passent, je prends mes repères sur le chantier, ce qui rend mon travail plus efficace et un peu plus rapide. A priori, je fais l'affaire puisque Coco me confie directement la création de quelques marches d'escalier et d'une jardinière en pierre derrière sa maison. J'aime bien le travail de la pierre. C'est un travail de patience et d'effort qui demande de l'intuition et un certain oeil pour appareiller harmonieusement les pierres. C'est aussi une tâche assez physique que j'essaie d'assumer tant bien que mal, mais qui en même temps exige une bonne dose de méticulosité pour que le résultat soit agréable à regarder. J'apprends chaque jour un peu plus. Je choisis les pierres, je les taille pour qu'elles s'ajustent au mieux. Parfois je n'y arrive pas ou bien elles partent en miettes tout près de la forme recherchée à cause d'un coup de massette malheureux. Alors je recommence et petit à petit, je prends le coup de main. Bien que ma vision du métier soit encore embryonnaire, c'est peut-être ce créneau de la maçonnerie que j'aimerai exercer si un jour je travaille à mon compte.... ? Travailler à mon compte un jour, justement j'y songe dès le départ malgré mon manque d'expérience. Coco m'y encourage vivement, ce qui me redonne quelque peu confiance en moi. Pourquoi fait-il cela ? Il croit en moi, je le sens mais ce n'est pas la seule raison. J'apprendrai plus tard qu'à la trentaine, il a dû quitter précipitamment un emploi de salarié titulaire sans avoir aucune perspective professionnelle de remplacement et ce, malgré une famille à nourrir. C'est à ce moment-là qu'il a commencé la maçonnerie d'abord avec son oncle, puis en proposant directement ses services pour des petits travaux ou des tâches ingrates que les entreprises bien installées ne souhaitaient plus faire. Puis, les chantiers plus importants et plus plaisants sont arrivés, ce qui l'a encouragé à poursuivre. Il s'est donc retrouvé, pour d'autres raisons, dans une situation similaire à la mienne ... Là est probablement la principale explication de la bienveillance dont il fait preuve à mon égard, et qui contraste avec la façon qu'il a parfois de parler aux ouvriers. Cela me gène un peu. Pour autant, je n'en profite pas et me concentre surtout sur ce que je peux apporter et apprendre.

Février 2010

L'opportunité de m'installer à mon compte se profile avec l'apparition du statut d'auto-entrepreneur. L'intérêt de cette formule tient à sa simplicité et à la limitation des charges à payer, ce qui est encore plus appréciable dans le cas du démarrage d'une activité artisanale. Cependant, et à juste titre, je ne peux proposer mes services à la clientèle sans qualification reconnue.

Pour cela, il faudrait que je sois détenteur d'un C.A.P de maçon ou de cinq années d'expérience salariée. Malgré le doute, ma volonté de reconversion professionnelle est bien réelle. Pour autant, je ne me sens pas prêt pour m'inscrire à l'examen, mon expérience sur le tas est limitée et trop récente. Et puis, je suis toujours fragile nerveusement, à la recherche d'une nouvelle identité professionnelle et au-delà, en quête d'une réelle confiance en moi. Pourtant, je veux avancer et franchir le pas vers ce nouveau métier plus rapidement que ne le permettraient cinq ans de salariat chez Coco, en supposant qu'il m'embauche un jour.

Je fais alors un choix de compromis : continuer à me former ponctuellement avec Coco lorsqu'il a besoin d'un manoeuvre pour préparer le C.A.P et en même temps, créer une auto-entreprise dans un domaine ne nécessitant pas de qualification afin de me familiariser avec les usages d'une profession libérale et de gagner – fort modestement j'imagine - ma vie. Cela me semble la meilleure formule pour accompagner le changement vers cette liberté professionnelle qui paraît pourtant bien lointaine. Pourtant, la résistance au changement se manifeste encore souvent et le questionnement sur le réalisme de ma démarche est récurrent. Mais là encore, ce qui domine s'apparente à la force de la vie, à de l'intuition et la petite musique intérieure qui m'incite à aller vers ce que je veux vraiment plutôt que de rester à l'abri de ce que je redoute ne m'abandonne à aucun instant. C'est le choix d'une aventure unique plutôt que celui de l'enfermement dans une fausse sécurité professionnelle qui ne me convient plus. Mon corps me l'a suffisamment fait comprendre...

Pour disposer de tout le temps nécessaire à ma reconversion, je fais une demande de mise en disponibilité auprès de l'administration de l'Education Nationale pouvant être renouvelée chaque année. Ainsi, pendant deux ans, je continue d'apprendre avec Coco en l'aidant chez lui lorsqu'il a besoin de moi. Je touche un peu à tout, du gros oeuvre à la peinture. Je m'entraîne également à la maçonnerie chez moi, Coco me livrant le matériel comme convenu. C'est aussi la période pendant laquelle Sébastien m'appelle volontiers et non sans ironie « Monsieur Yves », surnom qui exprime parfaitement la transition entre deux identités professionnelles très différentes. Plus tout à fait prof, mais pas encore vraiment maçon … Du côté de l'auto-entreprise, c'est le temps des premiers devis et des premières factures. Le travail en soi n'est pas du tout gratifiant puisqu'il s'agit de nettoyer des bâtiments, des terrains, de débarrasser des caves ou des greniers encombrés, mais cela me permet de découvrir le fonctionnement d'une petite activité libérale, les rapports à la clientèle, les erreurs d'estimation du temps nécessaire à l'exécution d'une tâche largement compensées par la satisfaction d'encaisser les premiers chèques. Oui, je gagne ma vie en faisant du nettoyage, pendant que bon nombre de mes copains, parfois moins diplômés, vont travailler en costume dans un bureau climatisé, preuve d'un cheminement social pleinement réussi selon nos codes. Me voilà à mille lieux du contexte professionnel que j'imaginais lorsque j'étais à la fac ! Pourtant, au fond de moi, je suis certain que cette activité n'est qu'une étape et je crois foncièrement à mon projet professionnel. Toujours cette douce musique intérieure, toujours cette petite voix bienveillante qui m'invite à continuer dans cette direction...

Tout ceci permet un timide retour de la confiance, même si la remontée à la surface semble très lente et irrégulière. Les moments de fatigue et de découragement – ce n'est plus du désespoir - sont toujours là de temps à autre, mais avec moins d'intensité. Grâce au travail sur le chantier, je sens que je deviens plus résistant. Je m'endurcis physiquement et mentalement car dans ce métier, on est obligé d'aller au bout d'un travail, d'arriver à un résultat concret, a fortiori lorsqu'on travaille seul et qu'on n'a ni les collègues, ni l'administration, ni les syndicats derrière qui s'abriter si les choses vont mal ! C'est au cours de cette période que je découvre le sens profond de ce que signifie « gagner sa vie » dans tous les sens du terme. Fort de cette expérience et décidé à avancer, je m'inscris à l'examen du C.A.P de maçon.

VALIDER

Lundi 4 juin 2012 – 7h30

Me voici devant le Lycée Régional du bâtiment muni de tout l'outillage nécessaire pour présenter l'examen du C.A.P de maçon dont les épreuves pratiques se déroulent sur trois jours. A priori, nous ne sommes que cinq dans les Alpes Maritimes à présenter l'examen en candidat libre et aucun doute possible, je suis bien le plus âgé, les autres postulants ayant tous moins de la trentaine.

Certains candidats se connaissent et entament une conversation sur certaines techniques employées sur les chantiers et sur leurs expériences professionnelles. Je comprends à travers leurs propos que ce sont des fils d'artisans. Ils semblent très à l'aise, plaisantent à tout-va.

Je suis bien loin d'avoir la même confiance ! A cet instant, je ne peux m'empêcher de penser aux mises en garde de certains profs de collège à propos de notre orientation lorsque les résultats scolaires des uns et des autres étaient médiocres. Échouer en C.A.P de maçonnerie était la menace suprême brandie par ces éminents pédagogues, affichant sans retenue leurs préférences pour les meilleurs élèves qui constitueraient, une fois leurs brillantes études supérieures terminées, l'élite incontestable et de ce fait respectable de notre belle république. Face à ces trajectoires étincelantes, la voie professionnelle était inmanquablement un naufrage intellectuel, le purgatoire de la scolarité, au mieux un ramasse-tout méprisable réservé aux cancres et à ceux qui auraient d'ores et déjà raté leur vie. Et bien m'y voilà ! Mais en plus, sans préparation officielle, même si avec Coco, j'ai un peu touché à tout. Je me présente à un examen sans avoir bûché, ce qui est une première et de ce fait terriblement anxiogène. Non seulement je suis toujours fragile et je me sens peu armé pour ces épreuves, mais en plus elles aboutissent à un métier peu reconnu, vers lequel je me destine à quarante-trois ans ! Ai-je bien réfléchi ? Où cela va-t-il me mener? Qu'est-ce que je fais donc là... ?!

C'est donc avec un équilibre émotionnel plus que précaire que j'entre avec les autres candidats dans l'atelier où se déroulent les épreuves techniques. Je prends connaissance du sujet de la première épreuve qui impose des techniques, des outils particuliers et divers matériaux que je n'ai jamais utilisés avec Coco. L'angoisse monte encore d'un cran. J'ai envie de partir, de m'engouffrer dans un trou de souris pour échapper à la débâcle qui s'annonce, quitte à revenir l'an prochain... J'aurai sûrement plus d'expérience et je serai certainement guéri du mal-être qui me fragilise encore trop souvent et me fait perdre mes moyens.

Et pourtant, je reste et débute mon ouvrage après une lecture hésitante des plans. Je sens ma démarche désordonnée, je cherche mes outils, je tâtonne, je transpire abondamment, j'observe discrètement et du coin de l'oeil mes voisins pour me rassurer. Je ne suis pas le seul à le faire d'ailleurs... Ils sont tous plus rapides que moi et leur travail est plus soigné, c'est évident ! Je guette la moindre expression sur le visage des examinateurs qui déambulent et observent attentivement l'avancement de chaque ouvrage. Je stresse, mais tant pis, je poursuis le travail même si je perds pied ... Là encore, il faut continuer, s'accrocher, insister, je n'ai pas le choix ! Ah que j'aurais besoin de la présence tutélaire de Coco ou Sébastien en ce moment... ! Que leurs conseils me seraient utiles ! À l'issue de cette première journée, je suis vidé et n'ai qu'une envie : rentrer au plus tôt chez moi et me reposer. Pourtant, il va falloir coûte que coûte le terminer demain cet ouvrage, l'épreuve principale se déroulant sur deux longues journées.

Le lendemain, la tension est toujours identique et c'est avec peine et bon dernier que je termine cet ouvrage qui ne me convains décidément pas. À la sortie, nous échangeons entre candidats quelques impressions qui ne sont pas faites pour me rassurer, d'autant que les plus expérimentés ont trouvé l'épreuve sans réelle difficulté. Bien que moins longues, les autres épreuves d'atelier se déroulent avec la même hésitation et c'est l'épreuve tant redoutée de coffrage qui vient clôturer cette série infernale. Reste une épreuve écrite dite de « lecture de plan » où je suis bien plus à l'aise contrairement aux autres candidats. Rien de plus normal, j'y retrouve stylo et papier, outils de base de mon univers professionnel d'origine. Visiblement, la transition est toujours en cours...

Lundi 2 juillet 2012

Je consulte le site internet du Rectorat pour voir les résultats. Enfin ça y est ! Je suis admis, comme la plupart des candidats d'ailleurs, mais peu importe le taux de réussite plus que favorable, peu importe la facilité d'obtention supposée du C.A.P. La réussite à cet examen, le plus modeste de tous ceux que j'ai passés, je suis allé la chercher au fond de moi, abattant certaines barrières psychologiques et au delà de schémas de vie supposés inflexibles. Envisager la voie professionnelle et me sentir à ma place en passant un C.A.P ont été en réalité bien plus difficiles que la nature même des épreuves ! Bien qu'à peine préparé, toujours en proie au doute sur mon choix de reconversion et malgré ma fragilité émotionnelle, j'ai persévéré et ça a marché. Ce qui compte vraiment, c'est la valeur personnelle que j'attribue à ce diplôme ainsi que la perspective qu'il m'ouvre. Ainsi, l'obtention du C.A.P officialise la révolution intérieure engagée depuis plus de deux ans, révolution grâce à laquelle je m'autorise à gagner ma vie avec mes mains sans considérer que cela soit dévalorisant et parce que je sens que cela me ressemble enfin. C'est incontestablement une formidable victoire sur certains préjugés et cela me permet également de préparer la suite en créant ma petite entreprise de maçonnerie, histoire de faire enfin ce que je veux réellement, histoire d'être en accord avec moi-même, histoire de vraiment tourner la page du prof d'école qui ne voulait plus l'être.

SE LANCER

Lundi 8 octobre 2012

Mon portable sonne, je décroche.

- Allo ?

- Oui, bonsoir, je suis le propriétaire de la maison rouge qui vient juste d'être finie pas très loin de chez vous, vous la situez ?

- Bonsoir... oui, je vois.

- Je vous appelle parce qu'on m'a dit que vous étiez maçon à votre compte depuis peu, c'est bien ça ?

- Oui... disons que c'est en cours, le temps d'effectuer toutes les formalités.

- Bon, mais de toute façon, on n'est pas pressé. On aurait des travaux d'aménagement extérieur à faire. Il y aurait une terrasse et plusieurs murets en pierre à créer. Vous faites ce genre de travail ?

- Oui, je peux faire !

- Très bien! Le mieux est que vous passiez voir, comme ça, on en discute tranquillement sur place. On a quelques idées mais on voudrait votre avis.

- D'accord. À quel moment êtes-vous chez vous ?

- Vous pouvez venir demain dans l'après-midi si vous êtes libre.

-Très bien, vers 16 heures, ça vous convient ?

-Parfait, mon épouse sera là également.

-Bien alors bonne soirée et à demain 16 h.

-Bonsoir, à demain.

Le voilà donc qu'il pointe le bout de son nez, ce premier chantier de maçonnerie à mon compte. Je suis partagé entre le plaisir de décrocher enfin mon premier travail de maçon indépendant et la crainte de ne pas faire les choses correctement, de ne pas y arriver. Toujours cette satanée fragilité ... Malgré l'obtention du C.A.P, je ne peux pas m'empêcher de douter sur mes capacités étant donnée ma maigre expérience. Après tout, ce n'est qu'un bout de papier. La plupart des fils d'artisans travaillent plusieurs années sous la houlette de leur père avant de reprendre l'entreprise familiale et ils sont préparés et rassurés par la présence paternelle lorsqu'ils franchissent le pas. Ce fut le cas de Sébastien, qui désormais est totalement autonome. De mon côté, c'est sans filet. Si ça va mal, je n'ai personne de ma famille dans le métier, pas de proche pour me conseiller. Si, j'ai bien Coco que je continue d'aider de temps à autre et qui me donne volontiers quelques conseils. Mais hors de question d'attendre une tutelle permanente, il n'en a pas le temps, n'est pas sur place et je me vois mal le solliciter à tout bout de champ ... Il va falloir se débrouiller seul avec les maigres moyens dont je dispose. Un petit camion serait bienvenu, ainsi qu'un transporteur à chenilles, mais envisager une location de l'ensemble rendrait le travail peu rentable. Je n'ai pas d'autre choix que de me débrouiller avec ce que j'ai.

Ce premier chantier, je le veux vraiment et pour l'obtenir, je fais un devis très compétitif. Trop, probablement, à en juger l'étonnement des clients lorsque je le leur présente. Peu importe, dans ma tête, le prix est en adéquation avec mes compétences qui restent à confirmer. Je ne peux pas demander plus vu mon manque d'expérience. Ils acceptent ma proposition sur le champ et insistent pour que je commence dès que possible.

J'ai établi mon devis sur un temps estimé à deux semaines et demi de chantier. Il m'en faudra plus de quatre avec une part prépondérante de manutention qui rend chaque journée très éprouvante. J'ai tout sous-estimé, perdu du temps et j'ai dû rectifier, rajouter certaines choses. J'apprends à m'organiser seul, j'essaie de puiser dans ma maigre expérience les éléments nécessaires au bon avancement du chantier et je parviens à terminer le travail conformément à ce qui était prévu. Les clients sont très contents du résultat et c'est avec soulagement mais aussi avec une fierté contenue que je reçois le règlement. Malgré la rentabilité discutable de ce chantier, à cet instant, je sais que j'ai fait le bon choix, je sais aussi que la confiance s'installe petit à petit, tant avec le client qu'en moi-même. Mais je sais aussi que tout est affaire de patience et que je n'en ai pas fini avec le doute, il reviendra souvent à la charge malgré d'autres réussites à venir.

Novembre 2012

Je décroche ensuite un gros chantier pour un entrepreneur local que je connais bien. Je suis surpris qu'il me demande de travailler pour lui car il a plusieurs maçons dans sa société. Je me dis que s'il fait appel à mes services, c'est que ses ouvriers sont occupés ailleurs, qu'il a confiance en moi et qu'il s'est renseigné sur ma façon de travailler, car il n'est pas de ceux qui s'engagent au hasard. Le travail consiste à remonter un mur de soutènement en pierre de plusieurs dizaines et dizaines de mètres carrés. Pour un ouvrier seul, c'est énorme, d'autant plus que la hauteur de travail maximale avoisine les trois mètres. Mais ce côté pharaonique me séduit, je sens que j'en suis capable. Et puis, c'est l'occasion de me dépasser, de laisser de côté encore davantage ma vie professionnelle d'avant, de marquer un point contre le doute, de me prouver que je suis sur la voie de la guérison totale.

Lorsque je débute ce chantier conséquent, les journées encore agréables et suffisamment longues permettent un bon rythme de travail. Mais l'hiver n'est plus très loin et les conditions climatiques plus rudes qui se profilent m'incitent à avancer au maximum tant que c'est encore possible. Je dégrossis, façonne et ajuste les pierres dans un style qui m'est désormais propre. Je ferraille et bétonne de façon conséquente afin de garantir à l'ouvrage toute la solidité attendue. Tout cela, je le fais d'abord sous le contrôle régulier de mon client qui me rend visite plusieurs fois par jour. Puis, comme mon travail semble lui convenir, sa présence sur le chantier ne devient plus systématique. Je reçois également la visite régulière de voisins ou de connaissances, visiblement poussés par la curiosité de voir comment le prof fraîchement reconverti se débrouille dans cette tâche titanesque. Ils me posent presque tous la même question à leur arrivée : « *Alors, tu t'en sors* ? ». Au cours de ces brèves conversations amicales, je devine sur leur visage un mélange d'étonnement, de reconnaissance, d'admiration presque à la vue du travail à accomplir. C'est comme si leurs yeux semblaient dire « *Chapeau ! Tu t'attaques à du gros. Ce que tu oses là est courageux !* ». Oser... ! Certainement, mais je n'oublie pour autant ni le chaos, ni l'effondrement, ni le chemin tumultueux qui m'ont tour à tour guidé vers cette voie inattendue. S'ils savaient ! S'ils savaient tout ce qu'il a fallu surmonter avant, ils se rendraient compte que l'effort physique exigé par un tel chantier représente bien peu en comparaison des démons et fantômes nichés au plus profond de moi et qu'il a fallu combattre ces dernières années ! Je n'oublie rien de tout cela, d'autant que les passages à vide refont surface de temps à autre, bien loin cependant de l'intensité dévastatrice ressentie au plus profond du mal-être. Désormais, la direction est claire, la trace est faite, la confiance s'installe chaque jour un peu plus avec l'aide de la petite voix. Elle prend chaque jour davantage le pas sur le doute, toujours tenace, mais qui est en train de perdre la partie.

Les premières gelées annoncent la rigueur hivernale, d'autant plus que le chantier est situé en fond de vallée et que le pâle soleil de décembre y arrive tardivement. Parfois, je dois terminer en hâte le travail en cours sous la pluie ou sous la neige et dans un sol boueux, les mains et les pieds transis de froid malgré un équipement adapté. Tout ceci n'est pas nouveau, je l'ai déjà vécu chez Coco, mais cette fois-ci, je travaille seul et dois tout assumer même si le temps est exécrable ! Je mesure alors la force des éléments et prends pleinement conscience de l'humilité qu'il convient de ressentir face à la puissance de la nature. C'est dans ces rudes moments que cette idée communément admise prend tout son sens, au-delà des discours de convenance. Notre fonctionnement et nos réflexes d'homme soi-disant moderne agissent trop souvent en mode hors sol par rapport à un environnement qui aura pourtant le dernier mot. Le retour à la maison après ces rudes journées permet de savourer le plaisir des choses simples. Une douche bien chaude, un bon café et un repos largement mérités au coin du feu constituent des moments de réconfort privilégiés qui donnent au travail accompli dans des conditions difficiles toute sa valeur et procurent une réelle satisfaction.

Le chantier dure plusieurs mois et c'est au printemps que je termine ce que certains comparent désormais à la muraille de Chine. À partir de ce moment, les appels téléphoniques et les demande de devis se multiplient. Le bouche-à-oreille a fonctionné. Cette fois-ci, la machine est bien lancée, je commence enfin à me sentir à ma place. C'est l'occasion d'entériner symboliquement ce changement.

Avril 2013

Cela se fait par l'achat d'un petit camion-benne, véhicule indispensable pour mon activité. Bien sûr il n'est plus tout jeune et a fourni déjà sa part de travail à en croire sa benne largement cabossée, mais ceci n'a pas d'importance. Cet investissement, juste au moment où mon travail commence à être apprécié, je le ressens comme un rituel de passage, un adoubement qui signifie que je sors enfin de ce sentiment d'imposture trop souvent ressenti depuis que je me suis engagé dans cette aventure. La touche finale : coller sur les portières du camion deux stickers sur lesquels on peut lire « *Yves Méjean – ouvrages en pierre maçonnerie* » avec au-dessous, mon numéro de téléphone. C'est à cet instant que je prends conscience du chemin parcouru depuis le grand plongeon.

VIVRE PLEINEMENT

Février 2017

Qu'en est-il aujourd'hui ? Mon activité me permet de vivre et je me réalise pleinement dans mon travail même s'il est éprouvant physiquement. Je ne suis pas plus heureux le vendredi soir que le lundi matin, ce qui, selon Jacques Attali, dans son livre « *Devenir soi* », est un indicateur du bien-être au travail. Combien de gens ont ce privilège et s'épanouissent professionnellement ? À priori bien peu si j'en juge par mon entourage, y compris parmi ceux qui ont ce qu'on a pour habitude d'appeler une « belle situation »... Pourtant, mon environnement professionnel est bien éloigné des critères habituels de réussite. Peu importe, aujourd'hui, je suis bien plus à mon aise sur un chantier à dégrossir, tailler et appareiller les pierres que je ne le serais en classe ou dans un travail de bureau, soumis à bien d'autres contraintes relationnelles, organisationnelles voire protocolaires. Il en a fallu du temps pour accepter ce qui me correspondait vraiment, pour abandonner un schéma de vie construit sur le plagiat de modèles ou d'idéaux professionnels standardisés et pour considérer enfin la noblesse du travail manuel. Il a fallu résister au cataclysme, avancer péniblement et à tâtons dans la tempête, se relever après chaque chute, abattre des barrières psychologiques infranchissables, couper petit à petit les ponts avec la norme pour sortir du formatage et emprunter enfin et sur le tard les chemins de vie qui me convenaient vraiment. Je prends conscience aujourd'hui que les moments les plus terribles ont en définitive balisé le parcours et que les opportunités rencontrées ont représenté autant de signes et de repères pour avancer sur cet itinéraire surprenant. Là encore le décryptage et la compréhension de ces signes n'ont pas été immédiats, loin s'en faut ! Aujourd'hui, je sais que c'est grâce à cette douloureuse opportunité qu'il a fallu remettre en question bon nombre de choses un peu trop bien établies pour avancer dans la vraie vie, celle qui a du relief et dans laquelle je me sens en accord avec moi-même. Fort heureusement, on n'en finit jamais d'apprendre à vivre. Cela, aucune université ni grande école ne peut l'enseigner, mais chacun de nous en porte le germe qui ne demande qu'à fructifier à condition d'avoir la chance de percevoir la petite musique intérieure qui nous anime et nous sert de guide tout au long de notre existence.

Cette petite voix justement, c'est elle qui m'a fait sentir, sans que j'en prenne pour autant conscience à ce moment-là, qu'à peine plus de trente ans, ma vie s'enlisait déjà dans un univers professionnel un peu trop figé qu'il fallait que je quitte. La douce routine de la petite école rurale de mes débuts, dont je conserve un excellent souvenir d'ailleurs, correspondait certes à ma zone de confort et à une forme de sécurité professionnelle que je recherchais. Mais elle représentait également un grand risque d'isolement par rapport à un monde extérieur changeant et donc perçu comme inquiétant, occultant ainsi la véritable saveur de la vie qui incite à l'ouverture, à l'imprévu, à la prise de risque et au dépassement de soi.

Un peu plus tard, c'est encore cette petite voix qui m'a poussé à découvrir, parallèlement à mon métier d'enseignant, la beauté, la noblesse et le plaisir du travail manuel à travers la réhabilitation d'une oliveraie alors que pendant des années, la suprématie de l'intellect sur le travail de la main était dans mon esprit un postulat. Cette expérience m'a ouvert l'esprit. J'ai enfin compris, grâce à la pratique, combien la complémentarité entre les deux était source d'équilibre et qu'il n'y avait pas de hiérarchie. J'ai également appris le tâtonnement dans un domaine où je n'avais aucun repère et personne pour me guider. Pour quelles raisons me suis-je intéressé à l'olivier ? J'ai simplement suivi mon intuition et je me suis pris de passion pour cet arbre mythique, symbole de simplicité, de pérennité et de sérénité.

Par la suite, cette petite voix ne m'a pas abandonné non plus lorsque, à bout de souffle et de nerf, j'ai amorcé le virage professionnel que d'aucuns, et surtout une partie de moi-même, jugeaient fantaisiste, hasardeux et dévalorisant. Mieux encore ! C'est bien elle, contre toute logique, qui m'a suggéré d'aller aider Coco lorsque j'étais au plus mal. Sans sa présence bienveillante, sans sa petite musique apaisante, sans ses précieux encouragements, je n'aurais jamais osé, enfermé dans la certitude d'une vie toute tracée, assailli par le doute et ballotté dans le tumulte de mes interrogations incessantes, abandonner la sécurité illusoire d'un emploi garanti à vie et garder le cap dans cette aventure. Poursuivre ma vie professionnelle en tant qu'enseignant n'était plus possible, cela ne me ressemblait plus, même si ce métier était pour moi une évidence quelques années auparavant.

Enfin, c'est toujours la petite voix qui aujourd'hui sussure que l'inexplicable apesanteur collective de la dernière demi-heure de classe que j'ai vécue était probablement un clin d'oeil de la vie visant à clôturer ma carrière de prof sur une note positive, comme si cette quiétude inattendue était une forme de remerciement pour mes quinze années d'enseignement. Trop prisonnier de mon mal-être pendant le chaos, je n'ai bien sûr pas compris le sens de ce message à ce moment-là.

Pour autant aujourd'hui, il arrive encore que l'auto-évaluation un peu trop sévère de mes capacités suscite le questionnement. Mais ces interrogations agissent désormais comme un garde-fou et ne sont plus source de déséquilibre émotionnel. Au-delà de l'expérience, quelque chose s'est révélé au cours de ces dernières années, quelque chose de solide qui a fait sa place petit à petit: la confiance. La confiance envers la vie, envers les autres et surtout, la confiance en soi qui permet d'envisager l'avenir, plus ou moins lointain, avec optimisme en gardant cependant en tête l'humilité qu'il convient d'adopter face à la fragilité, à l'impermanence et à la force de la vie. Cela, nous l'oublions trop souvent dans notre vie quotidienne, enfermés dans la volonté de tout maîtriser et de tout rationnaliser, obsédés par la recherche permanente d'accumulation matérielle. Cette confiance en moi et en la vie, c'est bel et bien grâce à mon parcours tumultueux et grâce à mon métier de maçon que je l'ai découverte.

Au delà du caractère éprouvant de ce métier, le plaisir que j'en retire se décline de différentes manières. Le plaisir, c'est d'abord la dimension créative qui y est liée. Réaliser un ouvrage concret de ses mains, bâtir un édifice durable, façonner patiemment la pierre dans un monde où la précipitation est omniprésente et où tout se jette et se remplace au plus vite est très gratifiant. On se sent vraiment utile et pour longtemps, les ouvrages réalisés laissant une empreinte durable et dépassant largement l'échelle d'une vie humaine.

Le plaisir, c'est aussi la satisfaction du client pour qui on réalise un ouvrage artisanal, unique et personnalisé, dans lequel on met une bonne part de soi-même. On y met ses tripes !

Le plaisir, c'est être content ensemble du résultat final. Même si l'ouvrage parfait n'existe pas, au-delà de la matérialité de l'ouvrage se crée un lien solide avec le client.

Le plaisir, c'est encore la liberté de s'organiser comme on le souhaite lorsqu'on travaille seul, de prendre les choses en main, de trouver les solutions appropriées sans attendre désespérément et avec passivité le salut d'une intervention extérieure. Il ne s'agit pas pour autant d'un repli sur soi, l'aide et les conseils de personnes expérimentées sont toujours précieux et l'utilisation de nouvelles techniques et matériaux permettent de s'améliorer en permanence. Mais quelle satisfaction de faire fructifier tout cela pour avancer par soi-même !

Le plaisir, c'est également vivre de rares moments de grâce propres à la création de quelque chose d'unique, instants magiques où tout semble facile, léger et d'une évidence absolue, où on ressent un alignement parfait entre ce qu'on crée, l'environnement dans lequel on le fait et ce qu'on est au plus profond de soi-même. Alors, la pierre, matériau inerte pas essence, prend vie grâce au travail de l'homme, pour que formes, teintes et appareillage résonnent avec harmonie et équilibre telle une douce mélodie qui déroulerait sa partition minérale.

Le plaisir, il est enfin lié à la fierté d'avoir entrepris un tel changement qui, au-delà de la dimension professionnelle, correspond à une toute autre approche de la vie. Le besoin permanent de tout cadrer a peu à peu laissé la place à davantage de spontanéité, d'acceptation de l'incertitude et finalement, de liberté, même s'il convient de rester prudent, rien n'étant jamais acquis ni définitif. C'est la preuve qu'il y aura toujours du chemin à faire et c'est une perspective fort agréable que de sentir cette marge de progression à portée de main.

Aujourd'hui, la combinaison entre mon vécu d'enseignant et mon métier actuel de bâtisseur donnent à ma vie un équilibre, un relief et une amplitude que j'apprécie pleinement. Outre le fait de m'avoir permis d'accéder aux métiers de l'enseignement et de m'y sentir bien pendant plusieurs années, les études universitaires que j'ai suivies me permettent aujourd'hui de prendre la plume avec plaisir et probablement avec plus de facilité que si je m'étais destiné initialement aux métiers du bâtiment. Par ailleurs, ce témoignage n'est en rien un plaidoyer contre les filières longues et les professions auxquelles elles préparent, l'important est d'être en accord avec soi-même et la profession qu'on exerce n'en est de toute façon qu'une des composantes. Mais il faut s'interroger sur l'autoroute scolaire empruntée par la majorité des jeunes à destination d'un bac général et au-delà, d'études supérieures. Certes, faire de « longues » études permet de prendre le temps de la réflexion sans s'enfermer trop tôt dans une filière professionnelle choisie en hâte ou au hasard à un âge où il est difficile de se projeter dans sa vie d'adulte. D'autre part, c'est aussi un moyen de se forger une culture générale source d'équilibre et la possibilité d'accéder à un éventail de métiers plus large. Mais l'inconvénient majeur est le cloisonnement par rapport aux métiers préparés dans le cadre de filières techniques, puisqu'institutionnellement, rien n'est prévu pour faire découvrir l'artisanat et le travail manuel à l'étudiant ou au lycéen en filière générale, focalisé sur la dimension intellectuelle du travail qu'il exercera un jour sans pour autant en avoir d'idée précise.

Pourtant, certains étudiants ayant emprunté l'autoroute scolaire sans projet professionnel concret changent de plus en plus souvent de direction en cours de cursus et se tournent d'eux-mêmes vers l'artisanat, preuve que ces métiers restent attrayants. L'étudiant en histoire devient apprenti-boulanger, la jeune fille interrompt des études de publicité pour être pâtissière car elle prend conscience que c'est ce qu'elle veut réellement faire, l'étudiant en fac de science décide de passer son C.A.P de plombier à vingt-trois ans, le détenteur d'une licence de lettres ayant obtenu son diplôme sans conviction et laborieusement se découvre des aptitudes de photographe. Les exemples ne manquent pas. Ces changements de cap se font au feeling, au gré d'une rencontre, d'une opportunité et constituent parfois une véritable révélation.

Parfois, cette révélation se fait sur le tard, à l'occasion d'une crise ou grâce à un élément déclencheur parfois très douloureux. J'ai eu cette chance et même si le prix à payer a été très élevé, la vie m'a fait sentir qu'il fallait sortir des sentiers battus pour être enfin libre, pour être enfin vrai, pour être enfin soi. Il n'y a rien de figé, à chaque âge ses besoins. Il y a d'abord eu le chaos qui m'a fait comprendre qu'il fallait envisager autre chose que l'évidence, puis le déclic qui m'a mis sur la voie de ce que je voulais vraiment faire tout en conservant le meilleur de ce que j'avais fait avant. Ainsi, grâce à l'écriture même de ce récit, combinée aux rudes journées de chantier, j'ai la sensation d'être enfin moi-même, et d'approcher petit à petit de ce que pourrait être la vie d'un homme complet telle que je la conçois aujourd'hui. Pourtant, d'après la petite voix, on n'a jamais fini de devenir soi...

ENVISAGER

Fort du chemin parcouru et de ce que j'ai appris de cette aventure, comment appréhender l'avenir ? Envisager, c'est donner un visage, dresser les grandes lignes, imaginer ce que pourrait être la vie de demain et surtout d'après-demain. C'est regarder loin devant, c'est avoir un projet fort plutôt que de faire des projets, c'est réfléchir au moyen ou au long terme plutôt que d'organiser et planifier avec précision et à court terme. Quel projet de vie concevoir pour s'impliquer pleinement et faire de sa vie, comme chacun en a le droit, un ouvrage unique dont on est soi-même l'artisan principal ?

D'abord, ce que je n'envisage pas, sans pour autant perdre de vue la prudence et l'humilité à conserver face aux aléas d'une vie, c'est de revenir vers mon métier de prof d'école, comme si mon parcours professionnel depuis ces dernières années n'avait été qu'une expérience passagère, une sorte de voyage en terre inconnue dont on revient enchanté. Le changement qui s'est opéré, une meilleure connaissance de mes envies, de mes limites, de mes motivations et une vision autre de la vie ne le permettraient pas. Bien qu'ayant vraiment apprécié le métier de prof d'école pendant une bonne dizaine d'années, bien qu'ayant eu la chance de travailler avec des gens formidables ne comptant pas leurs heures et vraiment impliqués dans leur travail, je sens que la page est définitivement tournée. La vie me l'a fait comprendre avec insistance étant donnée la surdité dont j'ai trop longtemps fait preuve à l'égard des multiples signes d'alerte émis par mon corps. Enseigner est une réelle mission pour celui ou celle qui fait le choix de cette voie professionnelle et la plupart des enseignants oeuvrent courageusement et avec conviction dans ce sens contrairement à certaines idées reçues et à certains clichés. Les mauvais exemples sont trop souvent cités, occultant l'engagement et le professionnalisme de la très grande majorité des enseignants. Mais désormais, je sens que cette mission ne me correspond plus. D'autre part, la sécurité de l'emploi, le temps libre, la perspective d'une bonne pension de retraite – en est-on vraiment assuré ? - tous ces avantages en apparence immuables dans un monde qui change très vite et qui devient de plus en plus incertain ne pèsent désormais plus assez lourd dans la balance. Au contraire, ils constituent même, à mon avis, un frein à la souplesse et à l'adaptabilité qui sont nécessaires dans le monde actuel et seront salutaires dans celui de demain.

Par ailleurs, ce que je n'envisage pas non plus, c'est de chercher à développer ma petite structure et évoluer vers une entreprise de plus grande taille en embauchant ou en réalisant de lourds investissements. Ce n'est ni par égoïsme, ni par peur de l'avenir, c'est tout simplement parce que je ne me sens pas l'âme d'un chef d'entreprise, contrairement à ceux qui choisissent de progresser dans cette voie. Ce n'est pas non plus une forme de renoncement ou un manque d'ambition, mes priorités et mon horizon sont ailleurs. Certes, mon activité artisanale indépendante me convient très bien, même si certaines tâches nécessiteraient parfois des bras supplémentaires. Je préfère avancer en explorant de nouvelles voies, en tâtonnant, en affinant ma pratique et en espérant avoir la capacité et la marge de progression nécessaires pour le faire.

Alors, quel projet de vie pour les cinq, dix, quinze prochaines années ? Bien sûr poursuivre et améliorer mon travail afin de satisfaire au mieux une clientèle éprise du travail de la pierre et plus généralement, de la maçonnerie paysagère. Mais au-delà, une réflexion personnelle a émergé sur ce qui pourrait être défini comme une forme de « maçonnerie artistique » à partir de techniques et matériaux usuels. On conçoit aisément ce qu'est le travail d'un artiste peintre, mais rien d'équivalent n'existe dans le domaine de la maçonnerie, qui reste l'affaire d'artisans, plus rarement d'artisans d'art, jamais d'artistes. Peut-être est-il possible d'inventer un « art maçon » qui ne saurait pour autant être un plagiat des ouvrages remarquables des bâtisseurs et tailleurs de pierre d'antan. Ne serait-il pas intéressant de pousser le travail de l'artisan d'aujourd'hui au-delà de l'aspect essentiellement fonctionnel ? Ne pourrait-on pas inventer une forme d'expression minérale nouvelle et libérée allant plus loin que l'aspect simplement décoratif et pourtant non moins esthétique de certains ouvrages ? Inventer cette « maçonnerie artistique » peut paraître surprenant, hasardeux et demandera du temps, ce qui suppose de s'éloigner inévitablement de la standardisation et du souci de rentabilité. Cette expérimentation nécessitera bien évidemment d'explorer maintes pistes, avec les inévitables essais-erreurs propres à la démarche expérimentale, mais avec la recherche du beau, de l'harmonie et de l'unicité comme fils directeurs. Grâce à la combinaison des textures, des teintes, des couleurs et des formes, l'objectif est de donner vie à une ou plusieurs créations minérales artistiques. Le véritable enjeu est de parvenir à exprimer le mouvement et la fluidité à partir d'un matériau par définition inerte, rigide et froid. Les premières créations réalisées à petite échelle sont encourageantes et laissent augurer la possibilité de réalisations de plus grande dimension pour embellir la cité, que ce soit pour égayer un bâtiment vieillissant, pour singulariser un jardin ou pour une création ex-nihilo.

Que cette démarche proche de l'artisanat puisse ne pas être considérée comme de « l'art pour lui-même » importe peu. L'objectif est de faire d'une création maçonnée, au-delà de sa dimension fonctionnelle et simplement décorative, une oeuvre unique suscitant l'intérêt et déclenchant une émotion positive auprès d'un public éclectique. Il s'agit d'exprimer une forme de sensualité minérale à travers une activité et des matériaux habituellement synonymes de rudesse. Le résultat se veut accessible à tous, privilégie la simplicité, ne suscite pas d'interprétation subtile et relève autant du savoir-faire de l'artisan que de l'imagination de l'artiste. Un néologisme pourrait situer le créateur de telles oeuvres minérales : « l'artistan-maçon ».

Au-delà de la création stricto sensu, ce projet revêt également une dimension pédagogique. D'abord, c'est peut-être un bon moyen de présenter pour une fois au moins le travail du maçon et plus généralement les métiers du bâtiment, sous un angle plus valorisant qu'il ne le sont habituellement, notamment auprès de la jeunesse. Trop de jeunes orientés dans ce secteur le sont encore par défaut, exception faite du compagnonage qui constitue l'élite même des métiers manuels. Pourtant, créer de ses mains un ouvrage prévu pour durer de longues années est une tâche noble, extrêmement gratifiante et symbole de confiance en l'avenir. Ensuite, dans un monde ultra technicisé et où tout va de plus en plus vite, l'artisanat représente l'essence même du travail manuel par la spécificité de chaque pièce, façonnée patiemment à la main. Le résultat est aux antipodes de la standardisation des tâches et du matériel qui répondent surtout à des impératifs de rapidité et de rentabilité pourtant nécessaires à notre économie.

C'est donc par le prolongement de mon travail vers cette forme d'expression minérale que je conçois mon projet de vie pour l'avenir. Mais d'autres idées émergeront probablement, y compris dans des domaines totalement inattendus et d'autres opportunités se présenteront peut-être. Jusqu'à la quarantaine, enseigner était pour moi une évidence. Il y a quelques années encore, je n'aurais jamais imaginé m'épanouir professionnellement en tant que maçon. Je n'aurais pas imaginé non plus le cheminement houleux qui m'y a conduit. Ce que je ferai dans les prochaines années, je ne l'imagine peut-être même pas encore même si je crois profondément à mon projet de vie.

La seule chose dont je suis désormais certain, c'est que l'improbable d'aujourd'hui est aussi le possible de demain, en tout cas c'est ce que la petite voix me murmure.

Cher lecteur,

Au terme de cet ouvrage, je serais heureux d'avoir votre avis sur le livre et le cas échéant d'échanger avec vous sur votre expérience ou projet de reconversion professionnelle. Vous pouvez me retrouver sur le net:

Sensualité Minérale sur Facebook

ou

Yves Méjean sur Linkedin

Vous pouvez également voir mon travail sur:

sensualiteminerale.com

Yves Mejean Auto-éditeur - 06420 Clans

imprimé en juillet 2019 par KDP

dépôt légal: mai 2017

Printed in Poland
by Amazon Fulfillment
Poland Sp. z o.o., Wrocław

69119213R00080